东北财经大学会计学系列配套教材

高级财务会计

习题与案例

傅荣　孙光国　主编

第四版

东北财经大学出版社
Dongbei University of Finance & Economics Press
大　连

图书在版编目（CIP）数据

高级财务会计习题与案例 / 傅荣，孙光国主编．—4版．—大连：东北财经大学出版社，2014.7（2015.5重印）
（东北财经大学会计学系列配套教材）
ISBN 978-7-5654-1565-4

Ⅰ．高…　Ⅱ．①傅…　②孙…　Ⅲ．财务会计-高等学校-教学参考资料　Ⅳ．F234.4

中国版本图书馆CIP数据核字（2014）第120931号

东北财经大学出版社出版
（大连市黑石礁尖山街217号　邮政编码　116025）
教学支持：（0411）84710309
营 销 部：（0411）84710711
总 编 室：（0411）84710523
网　　址：http://www.dufep.cn
读者信箱：dufep@dufe.edu.cn

大连美跃彩色印刷有限公司印刷　　东北财经大学出版社发行

幅面尺寸：148mm×210mm　　字数：225千字　　印张：7 3/4
2014年7月第4版　　2015年5月第17次印刷

责任编辑：田世忠　李　彬　　责任校对：那　欣　赵　楠
封面设计：张智波　　版式设计：钟福建

ISBN 978-7-5654-1565-4
定价：20.00元

第四版前言

本书作为与主教材《高级财务会计》（第四版）相配套的辅助教材，随着主教材第四版的推出，也进行了相应的修订。

《高级财务会计习题与案例》（第四版）根据主教材的变化进行了两个方面的调整：

一方面，在结构上有所调整。本书将第三版中的第七章“中期财务报告与分部报告”，分设为两章，删除了第三版中的第八章“物价变动会计”以及第九章中有关企业重组的内容。

另一方面，对第三版的习题与案例内容做了局部增删，对错误和不足之处进行了完善与修正。

本书既可作为主教材的辅助教材配套使用，也可直接为学习相关专题的读者提供参考。

参与本书第四版修订工作的作者与第三版基本相同，具体分工为：第一章、第二章、第五章由傅荣教授负责；第三章由解维敏博士负责；第四章由梁爽教授负责；第六章、第七章、第八章以及第十章（“油气开采会计”部分）由孙光国教授负责；第九章、第十章（“生物资产会计”部分）由陈玉媛博士负责；第十章（“保险合同会计”部分）由姜欣教授负责。本书由傅荣教授、孙光国教授担任主编，负责对全书进行总纂。

书中如果存在错误和不足之处，敬请读者不吝指正。

编　者

2014 年 5 月

目　　录

第一章 企业合并会计

一、学习目的与要求

通过本章学习，了解企业合并的含义与分类，掌握企业合并会计处理的购买法与权益结合法的基本原理，掌握同一控制下企业合并、非同一控制下企业合并的会计处理要点，了解业务合并的会计处理思路。

二、预习要览

（一）关键概念

1. 企业合并
2. 吸收合并
3. 创立合并
4. 控股合并
5. 同一控制下企业合并
6. 非同一控制下企业合并
7. 购买法
8. 权益结合法
9. 业务合并
10. 商誉

（二）关键问题

1. 什么是企业合并？企业合并的意义是什么？
2. 什么是同一控制下企业合并？
3. 什么是非同一控制下企业合并？
4. 企业合并的方式有哪些？
5. 什么是购买法？什么是权益结合法？
6. 如何理解购买法与权益结合法对会计信息的不同影响？
7. 我国企业会计准则对企业合并的会计处理如何规定？

三、本章重点与难点

□ 同一控制下企业合并与非同一控制下企业合并的划分

□ 会计意义上的企业合并与公司法所界定的企业合并的区别

□ 购买法和权益结合法的原理与应用

□ 合并商誉的确认与计量

□ 同一控制下企业合并合并方对合并事项的确认与计量

□ 非同一控制下企业合并购买方对合并交易的确认与计量

（一）同一控制下企业合并与非同一控制下企业合并的划分

按合并双方合并前、后是否均受同一方或相同的多方最终控制，企业合并分为同一控制下企业合并和非同一控制下企业合并两类。

同一控制下企业合并，是指参与合并的企业在合并前后均受同一方或相同的多方最终控制且该控制并非暂时性的。非同一控制下企业合并，是指参与合并的各方在合并前后不属于同一方或相同的多方最终控制。换句话说，同一控制下企业合并，参与合并的各方在合并前与合并后均属于相同的最终控制方；非同一控制下企业合并，参与合并的各方在合并前与合并后分属于不同的最终控制方。

为了正确理解这两类企业合并的定义，至少应当明确以下几个问题：

（1）“同一方”、“相同的多方”的含义；

（2）“控制”、“最终控制”的含义以及控制的“暂时性”与“非暂时性”的划分标准；

（3）两类合并的参与方称谓比较；

（4）合并日或购买日的确定；

（5）两类合并的合并对价形式比较等。

尤其值得注意的是，两类合并的经济实质有所不同。同一控制下的企业合并，其实质是一个对合并各方资产、负债进行重新组合的经济事项；非同一控制下的企业合并，其实质上是一种交易——合并各方自愿进行的交易，其结果是合并方购买了被合并方的控制权。

正因为两类企业合并的实质不同，也就决定了相应的会计处理上的区别。同一控制下的企业合并，合并方基本上按照账面价值进行相应的会计计量，而非同一控制下的企业合并，购买方则遵循交易规则，以自愿交易的双方都能够接受的价值——公允价值为计量基础。

（二）会计意义上的企业合并与公司法所界定的企业合并的区别

会计意义上的企业合并，强调的是合并后形成一个报告主体。无论是同一控制下的企业合并还是非同一控制下的企业合并，从合并后主体的法律地位上看，都有可能产生两种结果：一种结果是合并不形成母子公司关系，另一种结果是合并形成母子公司关系。不形成母子公司关系的企业合并，合并后形成的一个报告主体恰恰也是一个法律主体；形成母子公司关系的企业合并，参与合并的各法律主体仍然存在，只不过作为经济意义上的整体，从提供合并报表的角度来看，母子公司构成一个报告主体。

公司法所界定的企业合并，强调的是合并后形成一个法律主体，包括吸收合并和新设合并。吸收合并的结果是主并企业作为保留下来的单一经济主体和法律主体处理其会计事务，接受参与合并的各企业的资产并承担其债务，而已解散的各被并企业的股东则成为主并企业的股东。新设合并的结果是新设企业作为保留下来的单一经济主体和法律主体处理其会计事务，拥有丧失法人地位的各被并企业的资产并承担其债务。

可以说，除了吸收合并、新设合并之外，会计意义上的企业合并还包括控股合并——形成母子公司关系的企业合并。

（三）购买法和权益结合法的原理与应用

购买法与权益结合法在合并的实质、合并成本与合并费用的处理、合并商誉的确认及合并当年损益的确定等方面，存在着明显的差别；两者对合并当年及以后各年资产的计价、收益的确定等财务会计信息有着不同的影响。

目前国际会计界比较倾向于限制权益结合法的应用，但我国对同一控制下的企业合并采用的基本上是权益结合法。

（四）合并商誉的确认与计量

采用购买法实施的股权合并业务中，购并方支付的购买成本超过其在被并购方可辨认净资产的公允价值中所占份额的部分，就构成合并商誉。一方面，合并商誉可能在某种程度上是被并购方内在商誉的市场外化，因而是在其长期的经营活动中产生的、因企业购并业务而确认的；另一方面，合并商誉不完全是被并购方内在商誉的市场外化，它从某种意义上来说，也体现了购买方对企业合并的协同效应的合理预期。

确认合并商誉的前提是企业合并采用购买法，也就是说，购买法实施的企业合并，应按购买方支付的购买成本高于其在被并购方可辨认资产和负债的公允价值中所占份额的部分，确认合并商誉。

合并商誉的计量要解决合并商誉的金额确定问题。原则上合并商誉在金额上应等于购并方支付的购买成本与被购并方净资产公允价值之差，但不同的合并理念下合并商誉的计量结果不尽相同。

合并商誉如何记录，即是否按确定的金额确认为具体会计要素，直接关系到合并商誉在期末会计报表中的报告。合并商誉的账务处理通常包括以下三种方法：确认为一项永久性资产并不予以摊销、确认为一项资产并分期摊销和直接在购并当期调整股东权益并不确认为资产。根据我国企业合并准则，将吸收合并和创立合并产生的商誉单独确认为商誉，不分期摊销而是期末进行减值测试并确认减值损失；控股合并的合并商誉则计入长期股权投资的初始入账价值，并在合并资产负债表中列作商誉。

（五）同一控制下企业合并合并方对合并事项的确认与计量

1. 合并方取得的净资产（或股权）——按被并方净资产的账面价值（或账面价值份额）入账。

2. 合并方支付的合并对价——按其账面价值计量。

3. 股东权益的调整——合并方取得的净资产或长期股权投资的账面价值与所支付的合并对价的账面价值（或发行股份面值总额）之间如有差额，应当调整资本公积（股本溢价）；需要调整减少资本公积时，资本公积（股本溢价）不足冲减的，调整减少留存收益。

4. 合并费用的处理——直接相关费用，应当于发生时计入当期损益；其他费用计入所发行债券或其他债务的初始计量金额或抵减权益性证券溢价收入，溢价收入不足冲减的，冲减留存收益。

（六）非同一控制下企业合并购买方对合并交易的确认与计量

1. 购买方取得的可辨认净资产按其公允价值入账，取得的长期股权投资按合并成本作为初始投资成本。

2. 购买方的合并成本包括：购买日为取得对被购买方的控制权而付出的资产、发生的负债以及发行的权益性证券的公允价值。购买方为进行企业合并发生的各项直接相关费用以及与发行债券或承担债务有关的手续费和与发行权益性证券相关的费用的处理，与同一控制下企业合并的处理原则相同。

3. 合并成本大于取得的可辨认净资产或股权的公允价值份额的差额，确认为合并商誉；合并成本小于取得的被购买方可辨认净资产的公允价值的差额，计入当期损益。

四、练习题

（一）单项选择题

1. 有关企业合并的下列说法中，正确的是(　　)。

A. 企业合并必然形成长期股权投资

B. 同一控制下的企业合并就是吸收合并

C. 控股合并的结果是形成母子公司关系

D. 企业合并的结果是取得被合并方净资产

2. 下列各项企业合并示例中，无疑属于同一控制下企业合并的是(　　)。

A. 合并双方合并前分属于不同的主管单位

B. 合并双方合并前分属于不同的母公司

C. 合并双方合并后不形成母子公司关系

D. 合并双方合并后仍同属于原企业集团

3. 假定甲公司与乙公司合并，则下列有关此项合并的阐述中，不正确的是(　　)。

A. 通过合并，甲公司有可能取得了乙公司的有关资产和负债

B. 通过合并，甲公司有可能取得了乙公司的大部分股权

C. 通过合并，甲公司有可能需要确认长期股权投资

D. 通过合并，甲公司必然成为乙公司的母公司

4. 同一控制下的企业合并中所称的“控制非暂时性”是指，参与合并各方在合并前、后较长的时间内受同一方或多方控制的时间通常在(　　)。

A. 3 个月以上　　　　B. 6 个月以上

C. 12 个月以上　　　　D. 12 个月以上（含 12 个月）

5. 下列有关合并商誉的各种阐述中，正确的是(　　)。

A. 只要采用购买法实施合并，就一定要确认合并商誉

B. 确认合并商誉的前提是采用购买法实施企业合并

C. 合并商誉完全是被并购企业自创商誉的市场外化

D. 合并商誉与被并企业的净资产毫无关联

6. 对于吸收合并，合并方对合并商誉的下列账务处理方法当中，符合我国现行会计准则的是(　　)。

A. 单独确认为商誉，不予以摊销

B. 确认为一项无形资产并分期摊销

C. 记入“长期股权投资”的账面价值

D. 调整减少吸收合并当期的股东权益

（二）多项选择题

1. 按照企业合并后主体的法律形式不同，企业合并的方式包括(　　)。

A. 吸收合并　　B. 创立合并

C. 控股合并　　D. 同一控制下的合并

E. 非同一控制下的合并

2. 以下关于购买法的说法中，正确的有(　　)。

A. 购买法将一企业合并另一企业的行为视作一项交易

B. 购买方合并当年净收益仅指其自身当年实现净收益

C. 购买法下购买方必然确认合并商誉

D. 购买法仅适用于对控股合并的情形

E. 与购买法相对应的是权益结合法

3. 将合并商誉确认为资产并且不予以摊销，但要进行减值测试。这种处理方法(　　)。

A. 符合谨慎性原则的要求

B. 与自创商誉的处理原则有相同之处

C. 符合商誉不能脱离会计主体而独立存在的这一特性

D. 是国际财务报告准则中提倡的关于合并商誉的会计处理方法

E. 是我国现行会计准则中确定的合并商誉的处理方法

4. 企业合并与长期股权投资两者之间的关系的下列表述中，正确的有(　　)。

A. 甲企业控股合并丙企业，导致甲拥有对丙的长期股权投资

B. 甲企业吸收合并丙企业，不会形成甲对丙的长期股权投资

C. 甲企业与乙企业合营丙企业，则甲对丙形成长期股权投资

D. 甲企业是丙企业的联营方之一，则甲对丙形成长期股权投资

E. 甲企业取得丙企业15%的股权，则甲需确认长期股权投资

5. 甲企业与乙企业合并前分属于两个不同的企业集团。甲企业在与乙企业的吸收合并交易中所确定的合并成本为1 150万元，乙企业当时的可辨认净资产的账面价值为1 300万元、公允价值为1 200万元。下列有关说法中正确的有(　　)。

A. 甲企业确认合并业务时，应单项确认50万元的负商誉

B. 甲企业确认合并业务时，应单项确认150万元的负商誉

C. 甲企业确认合并业务时，应将50万元计入当期收益

D. 甲企业确认合并业务时，应将150万元计入当期收益

E. 甲企业在对合并业务进行确认之前，应首先对合并中涉及的合并成本和公允价值进行复核

（三）判断题

1. 就非同一控制下的企业合并而言，会计处理采用的是购买法。购买法下“购买日”的确定很重要。但有时候“购买日”与“交易日”可能不一致。 (　　)

2. 就分步实现的非同一控制下的控股合并而言，购买股权的交易日是各单项投资在投资方财务报表中确认之日，购买日则是购买方获得控制权之日。 (　　)

3. 如果企业合并业务中合并方确认了长期股权投资，则该合并必然是控股合并。 (　　)

4. 如果企业合并业务中合并方确认了取得的有关资产和负债，则该合并必然是吸收合并或创立合并。 (　　)

5. 购买法下，购买方在吸收合并中取得的被购买方的各项可辨认资产、负债，应当按其公允价值入账。 (　　)

6. 购买法下实施的控股合并中，购买方应当按所确定的合并成本对取得的对被购买方的长期股权投资进行初始计量。 (　　)

7. 购买法下，购买方在吸收合并中支付的各项合并对价，应按其公允价值入账。 (　　)

8. 根据我国企业合并准则，购买法实施的吸收合并中，购买方确

认企业合并的会计处理中如果涉及损益的确认，则所确认的损益既有可能是出让资产损益，又有可能是合并成本低于取得的可辨认净资产公允价值的差额。（　　）

9. 同一控制下的企业合并，合并方在吸收合并中取得的被合并方的各项可辨认资产、负债，应当按其账面价值入账。（　　）

10. 同一控制下的企业合并的控股合并中，合并方应当按所支付的合并对价的账面价值对取得的对被合并方的长期股权投资进行初始计量。（　　）

11. 同一控制下的企业合并，合并方在吸收合并中支付的各项合并对价，应按其账面价值入账。（　　）

12. 根据我国企业合并会计准则，同一控制下企业合并的吸收合并中，合并方确认企业合并的账务处理中，不会涉及损益的确认。

（　　）

13. 合并商誉的后续计量，是指期末的摊销与减值损失确认。根据我国现行会计准则，企业不需要对商誉进行摊销，只需要按期（至少应当在每年年末终了）对合并商誉进行减值测试，并确认相应的减值损失，然后按其成本扣除累计减值损失的金额予以计量。（　　）

（四）计算与账务处理题

1. 表1-1、表1-2分别是甲公司、乙公司2×13年12月31日的资产负债表（简表）。

表1-1　　**资产负债表**

编制单位：甲公司　　2×13年12月31日　　单位：万元

资产（期末余额）		负债及所有者权益（期末余额）	
流动资产：		流动负债：	
货币资金	1 000	短期借款	280
应收账款	50	应付账款	180
存货	350	其他应付款	140
固定资产：		非流动负债：	
固定资产原价	4 000	长期借款	2 000

续表

资产（期末余额）		负债及所有者权益（期末余额）	
减：累计折旧	600	所有者权益：	
固定资产净值	3 400	股本	1 600
无形资产：		资本公积	430
无形资产	80	（其中股本溢价 100）	
		留存收益	250
资产总计	4 880	负债及所有者权益总计	4 880

表 1-2 **资产负债表**

编制单位：乙公司 2×13 年 12 月 31 日 单位：万元

资产（期末余额）		负债及所有者权益（期末余额）	
流动资产：		流动负债：	
货币资金	600	短期借款	80
应收账款	150	应付账款	300
存货	250	其他应付款	120
固定资产：		非流动负债：	
固定资产原价	2 600	长期借款	1 500
减：累计折旧	600	所有者权益：	
固定资产净值	2 000	股本	600
无形资产：		资本公积	100
无形资产	0	留存收益	300
资产总计	3 000	负债及所有者权益总计	3 000

2×14 年 1 月初，甲公司对乙公司进行吸收合并。合并日经评估乙公司固定资产的公允价值为 2 050 万元，其他各项可辨认资产和负债的公允价值等于账面价值。甲公司支付的合并对价资料见表 1-3。

表 1-3　　**甲公司支付的合并对价资料**　　单位：万元

项目	货币额	账面价值	面值	公允价值
1. 银行存款	700			
2. 发行股票			200	260
3. 发行股票手续费等	1			
4. 无形资产		300		400

要求：

（1）假定此项合并为同一控制下的企业合并，进行甲公司吸收合并乙公司的账务处理；

（2）假定此项合并为非同一控制下的企业合并，进行甲公司吸收合并乙公司的账务处理。

2. 同上述第 1 题，合并方式改为控股合并，控股比例为 90%。

要求：

（1）假定此项合并为同一控制下的企业合并，进行甲公司合并乙公司的账务处理；

（2）假定此项合并为非同一控制下的企业合并，进行甲公司合并乙公司的账务处理。

3. A、B 公司均为甲公司两年以前就拥有 60% 控股权的子公司。2×13年 2 月，A 公司增发股份 1 500 万股，每股面值 1 元。A 公司用增发股份中的 1 080 万股与甲公司换取其持有的 B 公司的全部股权，另 420 万股按每股 1.5 元的价格出售。当时，B 公司净资产的账面价值为 2 000 万元（其中股本 1 800 万元，资本公积 100 万元，盈余公积和未分配利润分别为 40 万元和 60 万元），经评估公允价值为 2 300 万元（300 万元为固定资产的评估增值）。A 公司增发股份的有关费用中与合并 B 公司有关的部分为 9 万元，以银行存款支付。此项企业合并之前，A、B 两公司之间没有发生任何交易。其他因素略。

要求：

（1）判断 A 公司合并 B 公司属于同一控制下的企业合并还是非同一控制下的企业合并；

（2）编制 A 公司合并 B 公司的会计分录（金额单位：万元）。

4. A、B 公司均为甲公司两年以前就拥有 100% 控股权的子公司。2×13 年 2 月，A 公司增发股份 1 500 万股，每股面值 1 元。A 公司用增发股份中的 1 080 万股吸收合并 B 公司，另 420 万股按每股 1.5 元的价格对外出售。当时，B 公司净资产的账面价值为 2 000 万元（其中固定资产等各项资产 7 000 万元，应付账款等负债 5 000 万元；股本 1 800 万元，资本公积 100 万元，盈余公积和未分配利润分别为 40 万元和 60 万元），经评估公允价值为 2 300 万元（300 万元为固定资产的评估增值）。A 公司增发股份的有关费用中与合并 B 公司有关的部分为 9 万元，以银行存款支付。此项企业合并之前，A、B 两公司之间没有发生任何交易。其他因素略。

要求：

（1）判断 A 公司吸收合并 B 公司属于同一控制下的企业合并还是非同一控制下的企业合并。

（2）编制 A 公司吸收合并 B 公司的会计分录（金额单位：万元，以下同）。

（3）假设 A、B 合并前为非同一控制下的两个公司，请编制 A 公司吸收合并 B 公司的会计分录。

（4）假设 A、B 合并前为非同一控制下的两个公司，而且 A 公司吸收合并 B 公司时另加付 800 万元的银行存款。请编制 A 公司吸收合并 B 公司的会计分录。

5. A 公司和 B 公司为非同一控制下的两家公司。有关资料如下：

（1）2×14 年 1 月 1 日 A 公司将一套生产线转让给 C 公司，作为 C 公司转让其持有的 B 公司 60% 的股权的合并对价。该套生产线原值为 300 万元，已提折旧为 120 万元，未计提减值准备，其公允价值为 160 万元。为进行合并发生直接评估费、律师咨询费等 2 万元，已用银行存款支付。

股权受让日 B 公司资产账面价值为 420 万元，负债账面价值为 200 万元，净资产账面价值为 220 万元，经确认的 B 公司可辨认资产的公允价值为 450 万元，负债公允价值为 200 万元，可辨认净资产公允价值为 250 万元。不考虑其他相关税费。

（2）2×14 年 3 月 6 日 B 公司宣告 2×13 年度的现金股利 100 万元。

要求：

（1）计算合并成本和资产转让损益金额；

（2）编制2×14年1月1日有关企业合并的会计分录（金额单位：万元，以下同）；

（3）编制2×14年3月6日有关现金股利的会计分录。

6. 甲公司和乙公司是不具有关联方关系的两个独立的公司。有关企业合并资料如下：

（1）甲公司于2×13年7月1日取得乙公司30%的股份，成本为2 000万元，当日乙公司可辨认净资产账面价值等于公允价值，为6 000万元，取得投资后甲公司派人参加乙公司的生产经营决策。2×13年乙公司实现净利润600万元，在此期间，乙公司未宣告发放现金股利或利润，不考虑相关税费影响。

（2）2×14年1月1日甲公司以一项固定资产、无形资产取得乙公司40%的股份。该固定资产原值为3 000万元，已计提折旧500万元，公允价值为2 600万元；无形资产原值为1 000万元，已摊销为100万元，公允价值为800万元；发生的直接相关费用为60万元；乙公司可辨认净资产的公允价值为7 000万元，公允价值超过账面价值的700万元为固定资产评估增值。

要求：

（1）确定购买方、购买日；

（2）编制甲公司2×13年7月1日取得乙公司30%的股份时的会计分录（金额单位：万元，以下同）；

（3）编制甲公司2×13年12月31日确认损益的会计分录；

（4）计算甲公司固定资产和无形资产的处置损益；

（5）编制甲公司2×14年1月1日购买日进一步取得股份的会计分录。

第二章　合并财务报表

一、学习目的与要求

通过本章学习，一方面，要了解合并财务报表的种类及合并财务报表的局限性，了解合并财务报表与投资的关系，明确合并财务报表的特点，掌握合并财务报表范围的确定方法，理解合并财务报表的编制原则和编制合并财务报表的一般程序，掌握股权取得日合并财务报表的编制方法。另一方面，要掌握股权取得日后各期末合并财务报表的编制原理，掌握依据我国现行合并财务报表准则编制合并资产负债表、合并利润表的方法，掌握合并现金流量表的编制方法，了解我国与其他国家或地区在编制合并财务报表的具体方法上的异同，培养根据合并财务报表编制原理解决出现在合并财务报表实务中的新问题的能力。

二、预习要览

（一）关键概念

1. 合并财务报表
2. 合并资产负债表
3. 合并利润表
4. 合并现金流量表
5. 合并所有者权益变动表
6. 合并范围
7. 控制
8. 潜在表决权
9. 母公司
10. 子公司
11. 内部交易的抵销
12. 少数股东损益
13. 少数股东权益

（二）关键问题

1. 什么是合并财务报表？
2. 合并财务报表与个别财务报表相比有哪些特点？
3. 合并财务报表与各类企业合并之间存在什么样的关系？

4. 如何确定纳入合并财务报表的成员企业范围?

5. 合并财务报表的编制应遵循哪些原则? 为什么?

6. 合并财务报表包括哪些种类?

7. 合并财务报表的一般编制程序如何?

8. 同一控制下的股权取得日，合并财务报表有哪些? 为什么? 如何编制?

9. 非同一控制下的股权取得日，合并财务报表有哪些? 为什么? 如何编制?

10. 少数股东权益和少数股东损益在合并报表中应如何列示? 为什么?

11. 与合并资产负债表有关的抵销与调整分录主要有哪些?

12. 为什么要将母公司对子公司（纳入合并范围的子公司，以下同）的权益性资本投资数额与子公司股东权益中母公司持有的份额相抵销?

13. 合并资产负债表中的少数股东权益是如何确定的?

14. 为什么要抵销内部应收款项上计提的坏账准备? 如何抵销?

15. 在抵销内部应收款项上计提的坏账准备的时候，为什么要贷记“期初未分配利润”项目?

16. 怎样编制内部存货交易的有关抵销分录?

17. 怎样编制内部固定资产交易的有关抵销分录?

18. 怎样编制内部无形资产交易的有关抵销分录?

19. 编制合并财务报表时是否需要抵销内部交易资产的已提减值准备? 如何抵销?

20. 如何理解债券的推定赎回? 推定赎回债券的有关抵销分录应如何编制?

21. 母公司对子公司的股权投资收益应如何抵销?

22. 如何理解合并利润表中“净利润”项目反映的内容?

23. 为什么要对子公司的可供分配利润数额和利润分配情况予以抵销?

24. 怎样编制合并现金流量表?

三、本章重点与难点

□ 合并范围的确定

□ 合并财务报表的种类

□ 合并财务报表的编制原则

□ 合并财务报表的基础工作和编制程序

□ 股权取得日合并财务报表的种类与编制方法

□ 合并商誉的含义及初始确认与计量

□ 少数股东权益和少数股东损益的列报方法

□ 与合并资产负债表项目有关的各类抵销与调整分录的编制原理与方法

□ 与合并利润表项目有关的各类抵销与调整分录的编制原理与方法

□ 与合并现金流量表有关的各类抵销分录的编制原理与方法

□ 各类抵销与调整分录对重要的合并财务报表项目的影响

□ 少数股东权益与少数股东损益的关系

□ 少数股东权益与少数股东损益的列报方法

（一）合并范围的确定

合并范围的确定直接关系到合并财务报表提供的会计信息的相关性。

目前国际上对合并财务报表范围的界定，比较一致的做法是将能够被母公司实施有效控制的子公司纳入合并范围。这里应注意正确理解的问题主要有：

1. 母公司投资并控制的被投资公司就是子公司。

2. 子公司全部被纳入合并范围，而无论其规模大小、性质是否与母公司相同、是否属于特殊目的实体。

3. “控制”的含义、直接控制与间接控制的区别、实施控制的具体途径、实质重于形式原则与“有效控制”的确定。

4. 投资单位在确定能否控制被投资单位时，还要考虑潜在表决权因素。这里应该注意解决三个问题：什么是潜在表决权？谁持有的潜在表决权以及何时的潜在表决权才能影响到控制关系的判断？

（二）合并财务报表的种类

合并财务报表按编制时间及目的不同，分为股权取得日合并财务报表和股权取得日后合并财务报表两大类。

合并财务报表按其反映的具体内容不同，分为合并资产负债表、合并利润表、合并利润分配表和合并现金流量表等。

（三）合并财务报表的编制原则

编制合并财务报表应遵循以个别财务报表为基础原则、一体性原则和重要性原则。其中以个别财务报表为基础原则，既保证了合并财务报表资料来源的真实性，又解释了为什么在合并日后的以后各期末需要在合并财务报表工作底稿中就以前曾经抵销的影响未分配利润项目的内部交易或事项对本期“期初未分配利润”的影响数进行调整；而一体性原则却是对纳入合并范围成员企业之间内部交易或事项产生的未实现损益和损益重复计价进行抵销处理的原则依据，同时也反映了合并财务报表提供企业集团整体财务会计信息的本质要求。

（四）合并财务报表的基础工作和编制程序

合并财务报表的编制，必须做好以下基础工作：第一，统一母子公司的会计政策；第二，统一母子公司的会计期间；第三，子公司除了应当向母公司提供财务报表以外，还应当向母公司提供有关资料。

合并财务报表的数据，是在合并财务报表工作底稿中进行整理产生的。合并财务报表编制过程中，需要编制一系列抵销分录，而这些抵销分录正是在工作底稿中编制的。所以，合并财务报表工作底稿的设置和运用是非常重要的。

（五）股权取得日合并财务报表的种类与编制方法

同一控制下的企业合并形成母子公司关系的，母公司应当编制合并日的合并资产负债表、合并利润表及合并现金流量表。之所以在编制合并日合并资产负债表的同时还要编制截至合并日的合并利润表和合并现金流量表（如果是期中合并），正是基于合并前双方已经属于同一最终控制方这一前提；同样，视同被合并方在合并以前就一直在合并范围之内这一点也决定了合并当期资产负债表日编制的合并报表中，应当对比较报表有关项目的期初数进行调整。

非同一控制下的控股合并，母公司在购买日只编制合并资产负债表。与股权取得日后各期末编制的合并资产负债表相比，编制股权取得日的合并资产负债表时，只需在将控股公司（母公司）和被控股子公司的个别资产负债表加总的基础上，对母公司对该子公司的股权投资余额与子公司股东权益予以抵销即可，即只对因取得股权这一会计事项而产生的对个别报表的影响数予以抵销。

（六）合并商誉的含义及初始确认与计量

1. 采用购买法实施的股权合并业务中，购并方支付的购买成本超过其在被并购方可辨认资产和负债的公允价值中所占股权份额的部分，就构成合并商誉。从某种意义上说，合并商誉是被并购方内在商誉的市场外化和对并购协同效应的合理预期。

合并商誉与我国曾经在合并报表中确认的合并价差相比，两者有一定的联系，更有明显的区别。合并价差包括合并商誉和被并购方可辨认净资产的评估增值，所以合并商誉是合并价差的组成部分之一；但是合并商誉与合并价差两者的产生原因、计量基础、确认条件和包括的内容等各方面，却又存在差异。

2. 确认合并商誉的前提是企业合并采用购买法，也就是说，购买法实施的企业合并，应按购买方支付的购买成本高于其在被并购方可辨认资产和负债的公允价值中所占股权份额的部分，确认合并商誉（购并方支付的购买成本小于其在被并购方可辨认资产和负债的公允价值中所占股权份额的部分，计入当期损益）。

合并商誉的初始计量要解决合并商誉的金额确定问题。原则上合并商誉在金额上应等于购并方支付的购买成本与被并购方净资产公允价值之差，但不同的合并理论下合并商誉的计量结果不尽相同。

这里的“合并理论”是关于“合并报表编制程序的概念依据”（常勋，1999）。不同的合并理论，代表了对合并报表的服务对象、少数股东权益的性质以及合并商誉的确认与计量等关于合并报表根本问题的不同观点。合并理论主要有母公司理论（parent company theory）、实体理论（economic entity theory）、当代理论（contemporary theory）[1] 和所有权理论（ownership theory）。

① 王松年，等. 国际会计前沿［M］. 上海：上海财经大学出版社，2001：143.

根据美国财务会计准则委员会（FASB）的解释，母公司理论侧重于母公司股东的利益，认为合并资产负债表、合并利润表是对母公司资产负债表、利润表的修正或延伸，是以子公司的资产和负债代替母公司对子公司的股权投资，以子公司的收入、费用、利得和损失代替母公司从子公司获得的投资收益。实体理论将母公司与子公司的集合作为一个单一的个体，认为合并财务报表应从母公司股东及企业集团少数股东的观点来编制，以便为其提供集团个体的经营活动信息。当代理论可以说是母公司理论和实体理论的综合。所有权理论与母公司理论、实体理论不同的是，它既不强调企业集团中存在的法定控制关系，也不强调各成员企业构成的企业集团的经济一体性，它强调的是编制合并财务报表的企业“通过拥有的所有权的足够份额能对另一企业的经济和财务决策实行控制或产生重大影响，即向母公司的股东报告其所拥有的资源，不反映少数股东权益和少数股东应享有的损益”①。

以上四种理论在合并财务报表中的主要特征的比较，见表 2-1。

2006 年企业会计准则颁布之前我国基本采用当代理论。该准则颁布之后，基本采用实体理论，但对合并商誉的计量并不是按子公司可辨认净资产的全部公允价值确定。

3. 合并商誉的处理方法通常包括以下三种：

一是确认为一项永久性资产并不予以摊销。

二是确认为一项资产并分期摊销。

三是直接在购并当期调整股东权益并不确认为资产。

根据我国企业会计准则，吸收合并的合并商誉在单独资产负债表中确认为商誉，不摊销。控股合并的合并商誉在投资时并未单独予以记账，而是先计入长期股权投资的账面价值，在合并资产负债表中再以商誉项目单独列报。

（七）少数股东权益和少数股东损益的列报方法

少数股东权益和少数股东损益在合并报表中如何列报，取决于合并理论的规范。值得一提的是，我国新的企业会计准则对少数股东权益和少数股东损益的列报，采用的是实体理论。

---

① 林钟高，等．新编高等会计学［M］．上海：立信会计出版社，2000：28.

表 2-1　　**四种合并理论主要特征比较**

合并理论项目	母公司理论	实体理论	当代理论	所有权理论
1. 子公司净资产的计价	母公司股权部分按公允价值计价；少数股权部分按账面价值计价	全部按公允价值计价	母公司股权部分按公允价值计价；少数股权部分按账面价值计价	母公司股权部分按公允价值计价；少数股权部分不予列示
2. 对合并商誉的计量与列示	按母公司持股比例计算，与少数股权无关	按子公司净资产全部公允价值确定，属于全体股东	按母公司持股比例计算，与少数股权无关	按母公司持股比例计算，与少数股权无关
3. 对子公司各会计要素的合并	全部合并	全部合并	全部合并	按持股比例合并
4. 未实现内部交易损益的抵销	逆销按持股比例抵销；顺销百分之百抵销	百分之百抵销	百分之百抵销	按持股比例抵销
5. 对少数股东权益的列示	在负债部分单项列示	列示于股东权益部分	在负债部分单项列示，或在股东权益部分单项列示、列示于负债与股东权益之间	不予列示
6. 对少数股东损益的列示	在合并净收益前列作减项	列作合并净收益的组成部分	在合并净收益前列作减项	不予列示

（八）与合并资产负债表项目有关的各类抵销分录的编制原理与方法

编制股权取得日后各期末合并资产负债表时，关键是要抵销（与调整，以下同）有关内部事项和交易对个别资产负债表期末余额的影响数。抵销分录的编制方法有两种：一种是先抵销内部事项与交易对个别资产负债表有关项目期初余额的影响，再抵销内部事项与交易对个别资产负债表有关项目本期发生额的影响；另一种方法是直接抵销内部事项与交易对个别资产负债表有关项目期末余额的影响。

按照上述第二种方法，与合并资产负债表项目有关的抵销与调整分录主要包括五类：将母公司对子公司权益性资本投资数额与子公司股东权益中母公司持有的份额相抵销，同时确认少数股东权益的会计分录；内部债权、债务的抵销以及对内部应收款项计提坏账准备的抵销分录；与内部存货交易有关的抵销分录；与内部固定资产交易、内部无形资产交易有关的抵销分录；对盈余公积的调整分录。

（九）与合并利润表和合并利润分配项目有关的各类抵销与调整分录的编制原理与方法

编制合并利润表和合并所有者权益变动表时，应对以下项目进行抵销：内部应收款项计提坏账准备而确认的坏账损失的抵销，与内部资产交易有关的抵销，内部成员企业之间相互持有债券所发生的当年投资方利息收益与筹资方利息费用的抵销，赎回债券推定损益的分摊，对子公司的可供分配利润和利润分配情况的抵销以及对盈余公积的调整。其中，大部分内容与前述合并资产负债表有关抵销与调整分录有关，而对子公司的可供分配利润和利润分配情况的抵销及盈余公积的调整，将成为这一部分的难点问题。

（十）几个难点问题

上述各类抵销分录中，值得一提的难点问题是：

1. 关于少数股东权益的确认问题

在被纳入合并范围的子公司是母公司的非全资子公司的情况下，当母公司对子公司的股权投资余额与来自于母公司的子公司股东权益份额相抵销之后，应将子公司股东权益中少数股东拥有的份额确认为企业集团的少数股东权益并予以单独报告。

2. 关于子公司可辨认净资产的报告价值问题

如果是同一控制下企业合并形成的母子公司关系，合并资产负债表中子公司可辨认净资产按其账面价值报告；如果是非同一控制下企业合并形成的母子公司关系，在编制第一类抵销分录之后，合并资产负债表中对子公司各项可辨认资产、负债及预计负债，应全部按其合并日确定的公允价值报告。

3. 关于合并商誉的报告问题

如果是同一控制下企业合并形成的母子公司关系，合并资产负债表中不存在合并商誉的报告问题；如果是非同一控制下企业合并形成的母子公司关系，在编制第一类抵销分录之后，合并资产负债表中应单项报告商誉。

4. 关于内部应收款项上计提的坏账准备的抵销问题

在这个抵销分录中，一方面因为抵销了内部应收款项上已计提的坏账准备期末余额而涉及合并资产负债表有关项目，另一方面因为抵销了该坏账准备对当年损益和以前年度损益的影响而涉及合并利润表和合并所有者权益变动表有关项目。而对内部应收款项上计提的坏账准备年初余额（以前年度计提数）对以前年度损益的影响的抵销，需要通过对“年初未分配利润”项目相应金额的抵销来实现，以便满足本年合并所有者权益变动表“年初未分配利润”项目的合并数与上年合并所有者权益变动表“年末未分配利润”项目的合并数相等的需要。这是正确理解合并财务报表抵销与调整分录的关键之一。

5. 关于内部资产交易的未实现损益的抵销问题

合并利润表的合并净利润和合并所有者权益变动表中的年初未分配利润合并数中，均需剔除纳入合并范围的成员企业之间资产交易未实现损益的影响数。因此，对内部资产交易的未实现损益的抵销，既包括对交易当年个别利润表损益影响数的抵销也包括对以前年度内部资产交易的未实现损益对期初未分配利润的影响数的抵销，后者使得本年合并利润分配表“年初未分配利润”项目的合并数与上年合并所有者权益变动表“年末未分配利润”项目的合并数相等。

6. 关于内部交易资产已提跌价准备（或减值准备）的调整问题

同上述几个问题一样，这里既要回答为什么要调整的问题，也要解决如何调整的问题。

内部交易资产的已提跌价准备（或减值准备）是由内部交易的买方根据相关资产的账面价值与可变现净值（或可收回金额）孰低原则来计提的，根据一体性原则，应假设该资产还在内部交易的卖方来确定其在合并资产负债表中的报告价值和合并利润表中的跌价损失（或减值损失）。所以要根据这个假设对个别财务报表中的已提跌价准备进行调整。

7. 关于子公司可供分配利润和利润分配情况的抵销问题

这一类抵销分录是现行合并财务报表实务中最难以把握的。一方面，这里抵销子公司可供分配利润包括当年净利润和年初未分配利润，抵销当年净利润是指抵销子公司当年实现的净利润数额而不是净利润实现过程——因为权益法使得这个净利润数额在合并前的母、子公司个别利润表中得以“复制”，所以应将“复制”数额予以抵销；即使母公司为子公司的非全资母公司，不能全额抵销子公司当年实现净利润数额，但由于子公司当年实现净利润中少数股东应享有的份额（少数股东收益）需作为企业集团合并净收益的减项处理，所以也应对子公司当年实现净利润数额予以抵销。另一方面，对子公司的利润分配情况予以抵销的结果，将反映在合并所有者权益变动表相关项目中。

（十一）少数股东权益与少数股东损益

企业集团少数股东权益是指子公司股东权益中非属母公司所拥有的那部分股权，是相对于多数股权——母公司股权份额而言的。少数股东权益显然产生于子公司非母公司全资投资的场合，而少数股东权益的报告也只与合并财务报表有关。少数股东损益是子公司当年实现净损益中少数股东应享有的份额，在金额上相当于子公司当年净损益与少数股东持股比例之乘积。

1. 少数股东权益的确认与计量

少数股东权益应如何确认？少数股东权益金额如何确定？这都取决于合并财务报表的不同理论。请参见表2-1。

2. 少数股东权益与少数股东损益的关系

少数股东损益是子公司当年净利润（或亏损）中不属于母公司的部分，是按少数股东持股比例和子公司当年净利润计算而来的，是在编制合并损益表中确认的；少数股东权益是在编制合并资产负债表中确认的。同净收益将增加公司股东权益一样，少数股东损益无疑将增加（或减少）企业集团少数股东权益。

3. 影响少数股东权益变动的因素

报告期内子公司股东权益的任何变化都会引起少数股东权益的变动。

四、练习题

（一）单项选择题

1. 企业集团合并财务报表的编制者是(　　)。

A. 母公司　　B. 子公司

C. 企业集团　　D. 以上答案均正确

2. 下列关于合并财务报表与企业合并方式之间的关系的表述中，不正确的是(　　)。

A. 企业合并必然要求编制合并报表

B. 控股合并的情况下，必须编制合并财务报表

C. 创立合并的情况下，不涉及合并财务报表的编制

D. 吸收合并的情况下，不涉及合并财务报表的编制

3. 根据我国现行会计准则，合并范围的确定应该以“控制”为基础来确定。这里的“控制”(　　)。

A. 仅指投资公司对被投资公司的直接控制

B. 不包括投资各方对被投资公司的共同控制

C. 仅指投资公司有从被投资公司获取经济利益的权利

D. 仅指投资公司能够决定被投资公司的财务和经营政策

4. 根据企业会计准则，母公司应当将其全部子公司纳入合并报表的合并范围。这里的“全部子公司”(　　)。

A. 不包括小规模的子公司

B. 不包括与母公司经营性质不同的非同质子公司

C. 不包括母公司为特殊目的设立的特殊目的实体

D. 应该涵盖所有被母公司控制的被投资单位

5. 甲企业直接拥有乙企业 80% 的表决权、直接拥有丙企业 10% 的表决权；乙企业直接拥有丙企业 55% 的表决权，则以下说法中不正确的是(　　)。

A. 甲企业拥有乙企业 50% 以上的表决权

B. 甲、乙双方最终都要提供合并报表

C. 甲企业应将乙企业纳入合并范围

D. 甲企业应把丙企业纳入合并范围

6. 在合并报表工作底稿中，“合并数”一栏提供的数字将构成合并报表所填列的数据。在计算以下项目的“合并数”时，须用工作底稿中相关项目的“合计数”栏数字加上“抵销分录”栏的借方数字（减去贷方数字）的项目是(　　)。

A. “营业收入”　　　　B. “应付账款”

C. “固定资产”　　　　D. “年初未分配利润”

7. 非同一控制下的企业合并，控股合并的母公司在合并日应当编制的合并报表是(　　)。

A. 合并利润表　　　　B. 合并资产负债表

C. 合并现金流量表　　　　D. 合并所有者权益变动表

8. 甲企业与乙企业合并前没有任何经济联系。甲企业以账面价值200万元的库存商品（增值税税率17%、计税价格300万元）和300万元的货币资金购入乙企业80%的股权，从而成为乙企业的母公司。该项股权购买事项之前，乙企业的股东权益为800万元，甲企业的股东权益为2 000万元。股权取得日的合并资产负债表中，“股东权益”总额应(　　)。

A. 大于2 800万元

B. 等于2 800万元

C. 等于2 000万元

D. 小于2 800万元大于2 000万元

9. 2×14年年初，甲企业以460万元的合并成本购买非同一控制下的乙企业的全部股权，乙企业被并购时可辨认净资产账面价值400万元、公允价值420万元。2×14年年末甲企业各资产及资产组未有发生减值，则年末合并资产负债表中“商誉”的报告价值为(　　)。

A. 60万元　　　　B. 40万元

C. 20万元　　　　D. 0

10. 2×14年年初，甲企业用银行存款460万元购买非同一控制下的乙企业的全部净资产，乙企业被吸收合并时可辨认净资产账面价值400万元、公允价值420万元。甲企业2×14年年末各资产及资产组未发生减值，则2×14年年末个别资产负债表中的“商誉”报告价值为(　　)。

A. 60 万元　　　　B. 40 万元

C. 20 万元　　　　D. 0

11. 某企业集团母公司将其生产的成本为60 000 元的产品按80 000 元的价格出售给子公司，后者作为固定资产使用。在固定资产交易的当年，合并财务报表工作底稿中关于固定资产原价中包含的未实现内部销售利润的抵销分录为(　　)。

A. 借：营业外收入　　20 000

　　贷：固定资产　　20 000

B. 借：主营业务收入　　80 000

　　贷：主营业务成本　　80 000

C. 借：营业外收入　　60 000

　　贷：固定资产　　60 000

D. 借：主营业务收入　　80 000

　　贷：主营业务成本　　60 000

　　　　固定资产　　20 000

12. 下列抵销分录中属于抵销企业集团内部债权债务业务的有(　　)。

A. 借：预付账款

　　贷：预收账款

B. 借：应收账款

　　贷：预收账款

C. 借：应付债券

　　贷：持有至到期投资

D. 借：投资收益

　　贷：应收股利

13. 在编制合并财务报表时，关于企业集团内部存货交易的下列说法中，正确的是(　　)。

A. 内部存货销售不必抵销

B. 内部存货销售产生的未实现利润应抵销

C. 该交易在合并利润表中没有相应的抵销分录

D. 该交易在合并现金流量表中没有相应的抵销分录

14. 在连续编制合并财务报表时，对内部应收账款和应付账款予以抵销以后，将上期已抵销的资产减值损失中坏账损失对本年年初未分配利润的影响予以抵销时的抵销分录，应(　　)。

A. 借记“资产减值损失”项目

B. 借记“未分配利润”项目

C. 贷记“年初未分配利润”项目

D. 借记或贷记“应收账款”项目

15. 在连续编制合并财务报表的情况下，上年编制合并财务报表时已抵销的存货价值中包含的未实现内部销售利润，本年经抵销后对本年的年初未分配利润合并数(　　)。

A. 没有影响　　　　B. 还有影响

C. 不一定有影响　　　　D. 不再会有影响

16. 在连续编制合并财务报表时，如果上期存在未实现内部销售损益，本期合并财务报表工作底稿中“年末未分配利润”项目合计数与上期合并财务报表中“年末未分配利润”项目合并数(　　)。

A. 两者相等　　　　B. 前者大于后者

C. 前者小于后者　　　　D. B、C 均有可能

17. 上期存在未实现内部销售利润，本期编制合并财务报表时，在合并财务报表工作底稿中需编制这样的抵销分录：(　　)。

A. 借记“年初未分配利润”项目，贷记“存货”项目

B. 借记“年初未分配利润”项目，贷记“主营业务成本”项目

C. 借记“年初未分配利润”项目，贷记“固定资产”项目

D. A、B、C 均有可能

18. 企业集团内部交易的固定资产，在报废清理的会计期末，不编制与该固定资产有关的任何抵销分录。这种情况发生在(　　)。

A. 期满报废　　　　B. 超期报废

C. 提前报废　　　　D. A、B、C 三种场合

19. 甲企业拥有乙企业股权的 60%，从而将乙企业纳入合并财务报表的编制范围。2×14 年 9 月甲企业将账面价值为 80 000 元、计税价格为 100 000 元的一批库存商品，以 100 000 元的价格出售给乙企业，后者将其作为库存材料核算。相关税费略。年末，该批存货尚有 40% 在

库，另60%已经计入乙企业当年销售成本。该在库存货的年末可变现净值为31 000元，乙企业因此计提存货跌价准备9 000元。年末甲企业和乙企业个别资产负债表中“存货”项目年末数分别为900 000元和500 000元。甲企业编制的合并资产负债表中“存货”项目的报告价值应为(　　)元。

A. 1 400 000　　B. 1 392 000

C. 1 391 000　　D. 1 000 000

20. 甲企业拥有乙企业股权的60%，从而将乙企业纳入合并财务报表的编制范围。2×14年9月甲企业将账面价值为80 000元、计税价格为100 000元（相关税费略）的一批库存商品，以100 000元的价格出售给乙企业，后者将其作为库存材料核算。年末，该批存货尚有40%在库，25%已经计入乙企业当年销售成本，35%则包括在乙企业期末在产品成本中（该在产品总成本90 000元，可变现净值93 000元）。该在库存货的年末可变现净值为31 000元，乙企业因此计提存货跌价准备9 000元。甲企业年末编制合并财务报表时，对“营业成本”项目的抵销金额应为(　　)元。

A. 100 000　　B. 92 000

C. 85 000　　D. 8 000

（二）多项选择题

1. 合并财务报表与个别财务报表相比，两者不同之处主要有(　　)。

A. 反映的对象不同　　B. 编制主体不同

C. 编制基础不同　　D. 编制方法不同

E. 编制时间不同

2. 下列关于合并财务报表与投资之间的关系的表述中，你认为正确的是(　　)。

A. 投资与合并财务报表的编制必然相关

B. 交易性投资不涉及合并财务报表的编制

C. 持有至到期的债券投资不要求编制合并财务报表

D. 投资方对其长期股权投资采用成本法进行后续计量时一律不编制合并财务报表

E. 合并财务报表的编制与否取决于股权投资方与被投资方是否存在控制与被控制关系

3. 根据我国企业会计准则，合并财务报表的种类包括(　　)。

A. 合并利润表　　B. 合并资产负债表

C. 合并利润分配表　　D. 合并现金流量表

E. 合并所有者权益变动表

4. 非同一控制下的企业合并，控股合并的母公司在合并日应当编制的合并报表种类不包括(　　)。

A. 合并利润表　　B. 合并资产负债表

C. 合并现金流量表　　D. 合并所有者权益变动表

5. 企业在确定能否对被投资公司进行控制时，应当考虑潜在表决权因素。这里需要考虑的“潜在表决权”(　　)。

A. 既包括本期可转换或可执行的，也包括以后期间将要转换或执行的

B. 将增加或减少本企业本期对被投资公司的表决权比例

C. 实际上与本期资产负债表日表决权比例的计算无关

D. 既包括可转换公司债券，也包括可执行的认股权证

E. 既包括本企业持有的，也包括其他企业持有的

6. 如果投资公司对被投资公司的持股比例与拥有的表决权比例相一致，则(　　)。

A. 甲公司对乙公司的持股比例在50%以上，甲控制乙

B. 甲公司与丙公司对乙公司的持股比例分别为50%，甲与丙共同控制乙

C. 甲公司对乙公司的持股比例在50%或以下、20%以上，甲对乙有重大影响

D. 甲公司对乙公司的持股比例在20%或以下，甲对乙不控制或不共同控制也无重大影响

E. 被控制公司是实施控制的投资公司的子公司，全部子公司应纳入母公司的合并范围

7. 下列关于股权取得日合并资产负债表的阐述中，不正确的是(　　)。

A. 需要抵销合并前发生的成员企业之间的内部交易影响数

B. 合并报表工作底稿中一般只需编制一个抵销分录

C. 对子公司的股东权益要予以抵销

D. 必然涉及对合并商誉的确认

E. 必然涉及对少数股东权益的确认

8. 对于企业集团内部固定资产交易，在该固定资产使用期间内每期编制合并财务报表时都要编制的有关抵销分录中包括(　　)。

A. 抵销该固定资产当期多计提的折旧额

B. 抵销固定资产原价中包含的未实现利润

C. 抵销未实现利润对年初未分配利润的影响

D. 抵销该固定资产以前年度累计多计提的折旧

E. 抵销与该项交易有关的营业外收入或营业外支出

9. 在内部交易的固定资产提前报废或期满报废清理期，合并财务报表工作底稿中，(　　)。

A. 不一定编制抵销分录

B. 必须编制调整期初未分配利润的分录

C. 必须编制抵销当年多计提的折旧的分录

D. 必须编制抵销以前年度累计多计提的折旧的分录

E. 不必编制抵销固定资产原价中包含的未实现利润的有关分录

10. 影响子公司个别财务报表“年初未分配利润”项目金额的因素可能包含(　　)。

A. 上年末内部交易存货价值中包含的未实现利润

B. 上年末已经实现的内部存货销售利润

C. 上年末无形资产价值中包含的未实现利润

D. 上年末固定资产原价中包含的未实现利润

E. 内部固定资产交易引起的累计多计提折旧

11. 在连续编制合并财务报表的情况下，在合并财务报表工作底稿中编制抵销分录时借记“年初未分配利润”项目的含义包括(　　)。

A. 抵销上期未实现的存货内部销售利润

B. 抵销上期未实现的固定资产内部销售利润

C. 抵销按内部应收账款计提的坏账准备期初余额

D. 抵销内部交易的固定资产累计多提的折旧额

E. 同纳入合并范围的子公司当年实现净利润一道，与其本期利润分配项目相抵销

12. 下列项目在编制合并利润表时必应予以抵销的有(　　)。

A. 母子公司间权益性投资收益

B. 母公司的债权投资收益

C. 母公司计提的坏账准备

D. 子公司的利润分配项目

E. 子公司的财务费用

13. 在编制合并资产负债表时，合并财务报表工作底稿中编制的抵销分录中，将母公司权益性资本投资项目与子公司所有者权益项目相抵销时有可能(　　)。

A. 借或贷“商誉”项目

B. 借或贷“少数股东权益”项目

C. 既不借记也不贷记“商誉”项目

D. 既不借记也不贷记“少数股东权益”项目

E. 贷记“营业外收入”项目

14. 如果母公司应收账款年末余额中有对子公司的应收账款，在年末编制合并财务报表时，应(　　)。

A. 将母公司的应收账款抵销

B. 抵销母公司计提的坏账准备

C. 抵销该子公司的应付账款

D. 抵销该子公司对母公司的应付账款

E. 将母公司应收账款中相当于该子公司应付母公司的部分予以抵销

15. 母公司对子公司报告期末有应收账款的情况下，如果母公司对坏账损失采用备抵法核算，则合并当年编制合并财务报表时，必须(　　)。

A. 抵销母公司坏账准备期初余额

B. 抵销母公司坏账准备期末余额

C. 抵销母公司坏账准备当期提取数

D. 抵销与该项应收账款有关的应付账款

E. 抵销该项应收账款

16. 在编制合并财务报表时，合并财务报表工作底稿中的抵销分录的下列说法中不正确的有(　　)。

A. 应将子公司的所有者权益与母公司的股权投资百分之百予以抵销

B. 应抵销母公司的应收账款及按该应收账款计提的坏账准备

C. 应抵销纳入合并范围的子公司对母公司的预付账款

D. 应抵销内部交易的固定资产价值

E. 应抵销母公司的投资收益

17. 甲企业拥有乙企业股权的60%，从而将乙企业纳入合并财务报表的编制范围。2×14 年 9 月甲企业将账面价值为 80 000 元、计税价格为 100 000 元、增值税税率为 17%、消费税税率为 10% 的一批库存商品，以 100 000 元的价格出售给乙企业，后者将其作为库存材料核算。年末，该批存货尚有 40% 在库，另 60% 已经计入乙企业当年销售成本。该在库存货的年末可变现净值为 31 000 元，乙企业因此计提存货跌价准备 9 000 元。年末甲企业和乙企业个别资产负债表中“存货”项目年末数分别为 900 000 元和 500 000 元。根据现行会计准则，甲企业编制合并财务报表时，与该业务有关的抵销分录涉及的报表项目包括(　　)。

A. “存货”

B. “营业收入”

C. “营业成本”

D. “管理费用”

E. “存货跌价准备”

(三) 判断题

1. 虽然甲企业对乙企业的持股比例在 50% 以下，但也有可能控制乙企业。(　　)

2. 甲企业对乙企业的持股比例在 50% 以上，并不意味着乙企业一定被甲企业所控制。(　　)

3. 编制合并报表，要遵循以个别报表为基础原则，就是指合并报表仅以母公司和其子公司的财务报表为编制依据。(　　)

4. 为了编制合并报表的需要，母公司应当统一母、子公司所采用

的会计政策，使子公司采用的会计政策与母公司保持一致。（　）

5. 为了编制合并报表的需要，母公司应当统一母、子公司所采用的会计期间，使子公司的会计期间与母公司保持一致。（　）

6. 为了编制合并报表的需要，如果子公司的会计期间与母公司的不一致，应当按照母公司的会计期间对子公司财务报表进行调整；或者要求子公司按照母公司的会计期间另行编报财务报表。（　）

7. 为了编制合并报表的需要，子公司除了向母公司提供本公司的财务报表以外，还应提供编制合并报表所需要的相关资料。（　）

8. 编制合并财务报表时需要对纳入合并财务报表范围的各成员企业之间的内部交易事项对个别财务报表的影响予以抵销，这是一体性原则的要求。（　）

9. 在合并财务报表工作底稿中编制的有关抵销分录，并不能作为记账的依据。（　）

10. 甲、乙两个企业均属同一企业集团。甲企业以 560 万元的货币资金取得乙企业 80% 的股权，股权取得日的合并资产负债表中，“固定资产”项目的合并数应为甲企业与乙企业合并当日“固定资产”账面价值之和。（　）

11. 甲、乙两个企业分属不同的企业集团。甲企业以 560 万元的货币资金取得乙企业 80% 的股权，股权取得日的合并资产负债表中，“固定资产”项目的合并数必定等于甲企业与乙企业合并当日“固定资产”账面价值之和。（　）

12. 甲企业以 560 万元的货币资金取得乙企业 80% 的股权，股权取得日的合并资产负债表中，“长期股权投资”项目的合并数应为甲企业与乙企业当日长期股权投资账面价值之和。（　）

13. 甲企业以 560 万元的货币资金取得乙企业 80% 的股权，股权取得日的合并资产负债表中，“货币资金”项目的合并数应为甲企业与乙企业当日单独资产负债表“货币资金”项目金额之和。（　）

14. 甲企业与乙企业合并前分属于不同的企业集团。甲企业以账面价值 200 万元的库存商品（增值税税率 17%、计税价格 300 万元）和 300 万元的货币资金购入乙企业 80% 的股权，从而成为乙企业的母公司。该项股权购买事项之前，乙企业的可辨认净资产账面价值为 800 万元，公允价值为810万元，甲企业的股东权益为2 000万元。股权取得日的合并资产负债表中，“少数股东权益”数额应为160万元。（　　）

15. 编制合并资产负债表时，不仅母公司与子公司之间的债权债务要抵销，子公司之间的债权债务也要抵销。（　　）

16. 在母公司对子公司有应收账款期末余额的情况下，在合并财务报表工作底稿中编制抵销分录时，应按母公司当年计提的坏账准备数额借记“应收账款”项目，贷记“管理费用”项目。（　　）

17. 企业集团母公司将存货出售给子公司的情况下，如果后者将该存货销售出企业集团，则年末编制合并财务报表时不需要编制抵销分录。（　　）

18. 企业集团子公司将存货按成本价出售给母公司，后者将其作为固定资产使用，则年末编制合并财务报表时不需要编制抵销分录。（　　）

19. 某企业集团的母公司报告期内向子公司销售商品，收到货款200 000元。后者将其作为固定资产使用。根据母公司和该子公司的个别现金流量表编制合并现金流量表时，有关的抵销分录为：

借：经营活动产生的现金流量

——购买商品、接受劳务支付的现金　　200 000

贷：经营活动产生的现金流量

——销售商品、提供劳务收到的现金　　200 000

（　　）

20. 少数股东增加对子公司的权益性资本投资，在合并现金流量表中应在“筹资活动产生的现金流量”部分报告。（　　）

21. 在连续编制合并财务报表的情况下，对于上期内部购进商品全部实现对外销售的情况，本期不再涉及有关的抵销处理。（　　）

22. 抵销内部交易的固定资产当期多计提的折旧费，实际上就是抵销该固定资产当期按内部固定资产交易的未实现利润计提的折旧费。（　　）

23. 企业集团内部交易的固定资产，在超期使用的情况下，超期使用各期间和报废期间合并财务报表工作底稿中不需要编制有关的抵销分录。（　　）

24. 子公司当年实现净收益中属于少数股东应享有的份额即少数股东收益，必将增加企业集团的少数股东权益。 （ ）

25. 根据企业会计准则，合并利润表中的合并净利润中，包括少数股东损益。 （ ）

（四）计算与账务处理题

1. 丙公司现有可辨认净资产 1 000 万元（账面价值），甲公司支付现金购入丙公司 90% 的股份。表 2-2 是三种假定情况。

表 2-2 **三种假定情况** 单位：万元

项目	情况 1：无商誉	情况 2：正商誉	情况 3：负商誉
1. 甲支付的合并成本	900	950	950
2. 丙可辨认净资产公允价值	1 000	1 050	1 100
3. 丙可辨认净资产账面价值	1 000	1 000	1 000

要求：

（1）计算母公司理论下的合并商誉、少数股东权益（计算过程与计算结果填入表 2-3）；

表 2-3 **母公司理论** 单位：万元

项目	情况 1：无商誉	情况 2：正商誉	情况 3：负商誉
1. 甲支付合并成本			
2. 丙可辨认净资产公允价值			
3. 丙可辨认净资产账面价值			
4. 丙可辨认净资产中 90% 部分的增值			
5. 合并商誉			
6. 少数股东权益			

（2）计算实体理论下合并商誉和少数股东权益（计算过程与计算结果填入表 2-4）；

表 2-4　　　　　　　　　　　　**实体理论**　　　　　　　　　　　单位：万元

项目	情况 1：无商誉	情况 2：正商誉	情况 3：负商誉
1. 甲支付合并成本			
2. 丙可辨认净资产公允价值			
3. 丙可辨认净资产账面价值			
4. 丙全部可辨认净资产的增值			
5. 按甲投资成本换算的丙总价值			
6. 合并商誉			
7. 少数股东权益			

（3）计算现行准则下合并商誉（不含少数股权拥有的部分）和少数股东权益（计算过程和计算结果均填入表 2-5）。

表 2-5　　　　　　　　　　　　**现行准则**　　　　　　　　　　　单位：万元

项目	情况 1：无商誉	情况 2：正商誉	情况 3：负商誉
1. 甲支付合并成本			
2. 丙可辨认净资产公允价值			
3. 丙可辨认净资产账面价值			
4. 丙全部可辨认净资产的增值			
5. 合并商誉（不含少数股权拥有的部分）			
6. 少数股东权益			

2. A、B 两个公司合并前分属不同的母公司。B 公司可辨认净资产账面价值 500 万元，公允价值 520 万元（增值 20 万元为固定资产评估增值）；A 公司支付 450 万元购入 B 公司 80% 的股权。购买日双方可辨认净资产账面价值资料（包括 A 公司购买 B 公司股权导致的资产变化）见表 2-6 中的“个别财务报表”栏目。

要求：

（1）编制母公司理论下的股权取得日合并报表工作底稿；

（2）编制实体理论下的股权取得日合并报表工作底稿；

（3）编制现行会计准则下的股权取得日合并报表工作底稿。

表 2-6　　**股权取得日合并财务报表工作底稿**　　单位：万元

项目	个别财务报表		抵销分录		合并数
	A 公司	B 公司	借	贷	
流动资产	400	200			
固定资产	800	600			
长期股权投资	450	0			
商誉	—	—			
负债	600	300			
股东权益	1 050	500			
少数股东权益	—	—			

3. 甲公司以账面价值 200 万元的库存商品（增值税税率 17%、消费税税率 10%、计税价格 300 万元）和 300 万元的货币资金购入乙公司 80% 的股权，从而成为乙公司的母公司。该项股权购买事项之前，乙公司的股东权益为 800 万元（其中股本 500 万元、资本公积 200 万元、盈余公积和未分配利润各 50 万元），甲公司的股东权益为 2 000 万元，假定股权购买日乙公司可辨认净资产公允价值为 810 万元（增值部分是由于存货评估价值大于账面价值而产生的）。

要求：

（1）假设合并前甲、乙公司不属于同一控制方，请进行甲公司取得乙公司股权的账务处理，并编制股权取得日合并报表工作底稿中的有关抵销分录（如果涉及合并商誉，只按母公司拥有份额计量）。

（2）假设合并前甲、乙公司同属一个企业集团，请进行甲公司取得乙公司股权的账务处理，并编制股权取得日合并报表工作底稿中的有关抵销分录（如果涉及合并商誉，只按母公司拥有份额计量）。

4. AS 公司与甲公司是同一控制下的两个企业。2×14 年 1 月 1 日 AS 公司合并甲公司。AS 公司支付的合并对价为一项账面价值 6 000 万元、未计提减值准备、已摊销 800 万元、公允价值 5 500 万元的无形资产，以及 4 500 万元的银行存款。经评估甲公司 2×14 年 1 月 1 日的固定资产公允价值比账面价值高 250 万元，其他资产和负债的公允价值等于账面价值，甲公司合并前有关资产、负债和所有者权益的账面价值资料如下：流动资产5 000万元，固定资产等非流动资产10 000万元，负债6 000万元，所有者权益为9 000万元，其中，股本为7 000万元，资本公积为800万元，留存收益1 200万元。合并前AS公司的资本公积（股本溢价）为4 000万元。其他资料略。以万元为金额单位对下列事项进行会计处理。

要求：

（1）假定此项合并属于吸收合并，编制AS公司合并日确认企业合并事项的有关会计分录。

（2）假定此项合并属于100%控股合并，编制AS公司合并日确认企业合并事项的有关会计分录。

（3）假定此项合并属于100%控股合并，编制AS公司合并日合并报表工作底稿中的有关调整与抵销分录。

（4）假定此项合并属于80%控股合并，编制AS公司合并日确认企业合并事项的有关会计分录。

（5）假定此项合并属于80%控股合并，编制AS公司合并日合并报表工作底稿中的有关调整与抵销分录。

5. AS公司与甲公司是非同一控制下的两个企业，其他资料与上题（“计算与账务处理题”第4题）相同，以万元为金额单位对下列事项进行会计处理。

要求：

（1）假定此项合并属于吸收合并，编制AS公司合并日确认企业合并交易的有关会计分录。

（2）假定此项合并属于100%控股合并，编制AS公司合并日确认企业合并交易的有关会计分录。

（3）假定此项合并属于100%控股合并，编制AS公司合并日合并报表工作底稿中的有关调整与抵销分录。

（4）假定此项合并属于80%控股合并，编制AS公司合并日确认企业合并交易的有关会计分录。

（5）假定此项合并属于80%控股合并，编制AS公司合并日合并报表工作底稿中的有关调整与抵销分录。

6. 2×13 年年末，甲公司取得乙公司、丙公司两个子公司 100% 的有表决权股份。2×14 年 7 月初，甲公司又取得丁公司 80% 的有表决权股份。各公司 2×14 年利润表资料见表 2-7。

表 2-7　　2×14 年度利润表的有关资料　　单位：万元

项目	本年累计数（各月均匀实现）			
	甲公司	乙公司	丙公司	丁公司
营业收入	4 000	3 000	2 000	1 000
营业成本	2 500	2 200	1 100	600
其他各项费用或损失	500	400	300	200
投资收益	300	0	200	10
利润总额	1 300	400	800	210
所得税	390	120	240	63
净利润	910	280	560	147

乙公司分别有 100 万元的营业收入和 60 万元的营业成本产生于向甲公司销售货物（甲公司当年已经实现对外销售）；其他交易或事项均略。根据上述资料，分别假设甲、丁为同一控制下和非同一控制下的企业合并两种情况，为甲公司计算 2×14 年度以下指标。

要求：

（1）甲公司按权益法调整后的投资收益；

（2）合并营业收入；

（3）合并营业成本；

（4）合并净利润；

（5）少数股东收益。

7. 资料见第一章“计算与账务处理题”第 6 题。

要求：编制购买日合并财务报表工作底稿中的相关调整与抵销分录。

五、案例

案例 2-1

永怡电器公司（简称“永怡公司”，下同）是一家家电产品制造企业。近年来，随着家电市场竞争的加剧，永怡公司的市场份额受到很大的影响。经过调查研究，永怡公司意识到，不仅要用拳头产品开拓更多更大的市场，还应该开发新的迎合市场需要的小家电产品，才能在激烈的市场竞争中不断取胜。青江公司也是一家家电生产企业，近年来已陆续推出若干便携式小家电，很受市场青睐。但企业的资金有限，限制了公司的长远发展，公司准备增资扩股，将资本由原来的 400 万元增至 1 000万元。经过多轮谈判和协商，两家企业决定由永怡公司在 2×14 年 4 月 1 日发行面值 400 万元（市场价格 500 万元）的普通股换得青江公司 70% 的股权份额。合并前双方的科目余额表见表 2-8。办理完过户手续后，永怡公司编制了合并日合并资产负债表。

表 2-8　　**科目余额表**

2×14 年 3 月 31 日　　单位：万元

资产类			负债及所有者权益类		
会计科目	永怡公司	青江公司	会计科目	永怡公司	青江公司
货币资金	900	100	短期借款	300	100
应收账款	300	20	应付账款	100	10
原材料	200	70	其他应付款	100	22
库存商品	600	80	长期借款	1 500	108
长期股权投资	800	40	实收资本	2 000	400
固定资产原价	3 000	500	资本公积	700	0
累计折旧	800	140	盈余公积	200	10
			利润分配	100	20

要求：

（1）假定永怡公司和青江公司合并前同属一家企业集团。请你编制出 2×14 年 4 月 1 日永怡公司的合并财务报表工作底稿。

（2）假定永怡公司和青江公司合并前不属于同一企业集团，且青江公司合并时可辨认净资产的公允价值等于账面价值。请你编制 2×14 年 4 月 1 日永怡公司的合并财务报表工作底稿。

案例提示

（1）同一控制下企业合并合并日合并财务报表工作底稿见表 2-9。

表 2-9　　合并财务报表工作底稿

2×14 年 4 月 1 日　　单位：万元

项目	个别资产负债表		调整与抵销分录		合并数
	永怡公司	青江公司	借	贷	
货币资金	900	100			1 000
应收账款	300	20			320
存货	800	150			950
固定资产	2 200	360			2 560
长期股权投资	1 101	40		301	840
商誉	0	0			0
短期借款	300	100			400
应付账款	100	10			110
其他应付款	100	22			122
长期借款	1 500	108			1 608
股本	2 400	400	400		2 400
资本公积	601	0			601
留存收益	300	30	30		300
少数股东权益				129	129

（2）非同一控制下企业合并合并日合并财务报表工作底稿见表 2-10。

表 2-10　　合并财务报表工作底稿

2×14 年 4 月 1 日　　单位：万元

项目	个别资产负债表		调整与抵销分录		合并数
	永怡公司	青江公司	借	贷	
货币资金	900	100			1 000
应收账款	300	20			320
存货	800	150			950

续表

项目	个别资产负债表		调整与抵销分录		合并数
	永怡公司	青江公司	借	贷	
固定资产	2 200	360			2 560
长期股权投资	1 300	40		500	840
商誉	0	0	199		199
短期借款	300	100			400
应付账款	100	10			110
其他应付款	100	22			122
长期借款	1 500	108			1 608
股本	2 400	400	400		2 400
资本公积	800	0			800
留存收益	300	30	30		300
少数股东权益	—	—		129	129

案例 2-2

在长钢集团公司的招聘现场，该公司招聘人员交给一位意欲进入本公司的会计专业的本科毕业生一张与合并财务报表有关的问卷，该问卷的有关资料是：

甲公司为乙公司的母公司。

（1）2×14 年年初双方有关资料：

①乙公司股本 800 000 元、资本公积 100 000 元、未分配利润 100 000元（盈余公积资料略，以下同）；

②甲公司长期股权投资余额 700 000 元，其中对乙公司的股权投资余额为 600 000 元，甲公司拥有乙公司 60% 的股权；

③甲公司的期初未分配利润为 80 000 元；

④甲、乙双方的应收账款分别为 40 000 元、3 000 元，其中应收对方的金额分别为 2 000 元、1 000 元；

⑤甲、乙双方的存货分别为 50 000 元、35 000 元，乙公司的存货

中有10%是上年从甲公司购入的。

（2）甲、乙公司按应收账款余额的5%计提坏账准备（假定税法允许税前扣除计提的坏账损失也为应收账款余额的5%）；所得税税率均为25%；增值税税率为17%；甲公司的毛利率为10%，乙公司的毛利率为20%。

（3）本年甲、乙双方利润表的有关资料见表2-11。

表2-11　2×14年度利润表的有关资料　单位：元

项目	本年累计数	
	甲公司	乙公司
营业收入	2 000 000	1 000 000
营业成本	1 600 000	700 000
营业税金及附加	188 000	95 000
管理费用	10 000	6 000
财务费用	6 000	6 000
销售费用	4 000	2 000
资产减值损失	12 000	5 000
投资收益	3 000	0
营业外收入	2 000	4 000
营业外支出	1 000	10 000

（4）甲公司应收丙公司的20 000元货款年末经确认确实无法收回；上年末确认无法收回的30 000元应收丁公司的货款今年12月初又收回。

（5）甲公司当年营业收入的5%来自于向乙公司销售商品所得；乙公司当年未向甲公司销售商品。

（6）甲、乙公司营业收入的赊销比例分别为30%、20%；本年末应收账款余额分别为240 000元、100 000元，甲公司应收账款余额中应收乙公司的货款占年末余额的2%，乙公司没有对甲公司的应收账款。

（7）乙公司当年营业成本的10%是销售自甲公司购入的商品。

（8）甲、乙公司分别宣告分派现金股利60 000元、40 000元。

（9）甲、乙公司个别现金流量表中“购买商品、接受劳务支付的现金”项目分别为1 200 000元、800 000元。

该问卷要求应聘者：

（1）计算确定本年度甲、乙公司的个别财务报表中的净利润金额；

（2）计算确定甲公司本年末个别财务报表中“长期股权投资”项目的报告价值以及为编制合并报表而按权益法调整后的价值；

（3）编制以甲公司为母公司、以乙公司为子公司的2×14年度合并财务报表工作底稿中有关的调整与抵销分录；

（4）计算本年度合并资产负债表中“期末余额”栏“应收账款”项目的合并数；

（5）计算本年度合并利润表“净利润”项目的合并数；

（6）计算本年度合并所有者权益变动表中“年初未分配利润”项目、“年末未分配利润”项目的合并数；

（7）计算本年度合并现金流量表中“销售商品、提供劳务收到的现金”项目、“购买商品、接受劳务支付的现金”项目的合并数。

案例提示

（1）本年度个别财务报表中的净利润金额：

①甲公司净利润=（2 000 000－1 600 000－188 000－10 000－6 000－4 000－12 000+3 000+2 000－1 000）×（1－25%）

=138 000（元）

②乙公司净利润=（1 000 000－700 000－95 000－6 000－6 000－2 000－5 000+4 000－10 000）×（1－25%）

=135 000（元）

（2）甲公司本年末“长期股权投资”项目的价值：

①个别财务报表中“长期股权投资”项目的报告价值=600 000元

②为编制合并报表而按权益法调整后的价值=600 000+135 000×60%－40 000×60%

=657 000（元）

（3）有关调整与抵销分录：

①将母公司对子公司长期股权投资价值由成本法调整到权益法。

借：长期股权投资　　57 000

　贷：投资收益　　57 000

②将母公司对子公司的长期股权投资与子公司股东权益中由母公司拥有的份额相抵销，并确认少数股东权益。

借：股本　　800 000

　　资本公积　　100 000

　　未分配利润　　195 000

　贷：长期股权投资　　657 000

　　　少数股东权益（（800 000+100 000+195 000）×40%）

　　　　438 000

③抵销内部债权、债务。

借：应付账款　　4 800

　贷：应收账款（240 000×2%）　　4 800

④抵销对内部债权计提的坏账准备及确认的相关坏账损失。

借：应收账款（4 800×5%）　　240

　贷：年初未分配利润（（2 000+1 000）×5%）　　150

　　　管理费用（240−150）　　90

⑤抵销以前年度未实现的内部存货交易损益对期初未分配利润的影响。

借：年初未分配利润（35 000×10%×10%）　　350

　贷：主营业务成本　　350

⑥抵销本年度发生的内部存货交易及年末存货价值中包含的未实现利润。

借：主营业务收入（2 000 000×5%）　　100 000

　贷：主营业务成本　　100 000

借：主营业务成本　　3 350

　贷：存货（（350+2 000 000×5%×10%）−700 000×10%×10%）

　　　　3 350

⑦抵销子公司（乙公司）当年可供分配利润及利润分配情况和对母公司股权投资收益的影响。

借：投资收益（135 000×60%） 81 000

年初未分配利润 100 000

少数股东损益（180 000×40%×75%） 54 000

贷：应付普通股股利 40 000

未分配利润 195 000

⑧抵销内部现金流动。

借：经营活动现金流量

——购买商品、接受劳务支付的现金 115 200

贷：经营活动现金流量

——销售商品、提供劳务收到的现金 115 200*

* 乙公司从甲公司收到的现金＝年初应收款－年末应收款

＝1 000－0

＝1 000（元）

甲公司从乙公司收到的现金＝对乙公司销售收入及增值税－（年末应收款－年初应收款）

＝117 000－（4 800－2 000）＝114 200（元）

（4）本年度合并资产负债表中“期末余额”栏“应收账款”项目的合并数＝240 000×95%＋100 000×95%－4 800＋240

＝318 440（元）

（5）本年度合并利润表中“净利润”项目的合并数＝138 000＋81 000＋135 000＋90＋350－3 350－81 000

＝270 090（元）

（6）本年度合并所有者权益变动表中“年初未分配利润”项目的合并数＝80 000＋100 000＋150－350－100 000

＝79 800（元）

本年度合并所有者权益变动表中“年末未分配利润”项目的合并数＝79 800＋90＋350－3 350

＝76 890（元）

（7）本年度合并现金流量表中有关项目合并数的计算：

①母公司当年销货收现＝2 000 000＋2 000 000×17%－（240 000－40 000）－20 000＋30 000

＝2 150 000（元）

子公司当年销货收现 $=1\ 000\ 000+1\ 000\ 000\times17\%-(100\ 000-3\ 000)$

$=1\ 073\ 000$（元）

应抵销的内部收现 = 115 200 元

销货收现合并数 $=2\ 150\ 000+1\ 073\ 000-115\ 200=3\ 107\ 800$（元）

②购货付现合并数 $=1\ 200\ 000+800\ 000-115\ 200=1\ 884\ 800$（元）

第三章　外币业务会计

一、学习目的与要求

通过本章学习，了解外币业务的基本知识，掌握外币业务会计的基本方法与实务以及外币会计报表的折算方法等内容。

二、预习要览

（一）关键概念

1. 外币
2. 外汇
3. 记账本位币
4. 外汇汇率
5. 即期汇率
6. 汇兑损益
7. 单一交易观点
8. 两项交易观点
9. 统账制
10. 分账制
11. 流动与非流动项目法
12. 货币与非货币项目法
13. 时态法
14. 现行汇率法
15. 外币报表折算差额

（二）关键问题

1. 什么是外币业务？外币业务有哪几种类型？

2. 何为记账本位币？何为列报货币？企业在选定记账本位币时应考虑哪些因素？

3. 记账本位币变动时应根据哪些规定进行处理？

4. 什么是外币业务？外币业务有哪几种类型？

5. 外汇汇率的基本标价方法有几种？其特点是什么？

6. 什么是汇兑损益？它有几种类型？对其如何进行确认？

7. 我国企业会计准则对汇兑损益的处理有哪些规定？

8. 外币交易的基本会计处理方法有哪些？各自有哪些特点？

9. 会计期末对外币货币性项目应如何折算？

10. 会计期末对外币非货币性项目应如何折算？

11. 外币财务报表折算的基本方法有哪些？各种方法的适用范围和优缺点是什么？

12. 对外币财务报表折算差额应如何处理？

13. 我国企业会计准则对外币财务报表的折算有哪些规定？

14. 如何对恶性通货膨胀下合并境外经营进行处理？

15. 在处置境外经营时如何进行会计处理？

16. 在财务报表附注中，怎样披露折算信息？

三、本章重点与难点

□ 记账本位币的确定

□ 汇兑损益的种类、确认与处理

□ 外币交易会计处理的基本方法

□ 外币业务的记账方法的统账制与分账制

□ 外币会计报表折算的基本方法

□ 外币报表折算差额的基本处理方法

□ 我国会计准则有关外币财务报表折算的规定

□ 恶性通货膨胀下合并境外经营问题

□ 处置境外经营问题

□ 外币折算信息的披露

（一）记账本位币的确定

1. 企业选定记账本位币的因素

企业应当根据经营所处的主要经济环境选定记账本位币，在选定记账本位币时，应当考虑下列因素：

（1）该货币主要影响商品和劳务的销售价格的，通常以该种货币进行商品和劳务的计价和结算；

（2）该货币主要影响商品和劳务所需人工、材料和其他费用的，通常以该货币进行上述费用的计价和结算；

（3）融资活动获得的货币以及保存从经营活动中收取款项所使用的货币。

应当指出，在确定企业记账本位币时，上述因素的重要程度因企业的具体情况不同而不同，需要企业管理当局根据实际情况进行判断，但这并不是说企业管理当局可以根据需要随意选择记账本位币，而根据实际情况确定的记账本位币只能有一种货币。

2. 企业境外经营记账本位币的确定

所谓境外经营，是指企业在境外的子公司、合营企业、联营企业、分支机构；在境内的子公司、合营企业、联营企业、分支机构，采用不同于本企业记账本位币的，也视同境外经营。

企业在选定境外经营的记账本位币时，还应当考虑下列因素：

（1）境外经营对其所从事的活动是否拥有很强的自主性；

（2）境外经营活动中与企业的交易是否占有较大比重；

（3）境外经营活动产生的现金流量是否直接影响企业的现金流量，是否可以随时汇回；

（4）境外经营活动产生的现金流量是否足以偿还其现有债务和可预期的债务。

（二）汇兑损益的种类、确认与处理

1. 汇兑损益的种类

汇兑损益是指发生的外币业务折算为记账本位币记账时，由于业务发生的时间不同、所采用的汇率不同而产生的记账本位币的差额，或者是不同货币兑换，由于两种货币采用的汇率不同而产生的折算为记账本位币的差额。

汇兑损益根据其业务划分，一般可分为四种经常性汇兑损益：

（1）交易损益，是指在发生以外币计价或结算的商品交易中，因收回或偿付债权债务而产生的交易汇兑损益。

（2）兑换损益，是指在发生外币与记账本位币，或一种外币与另一种外币进行兑换时产生的兑换汇兑损益。

（3）调整损益，是指在会计期末将所有外币债权、债务和外币货币资金账户，按规定的汇率进行调整时而产生的汇兑损益。

（4）折算损益，是指在会计期末，为了编制合并财务报表或为了重新表述会计记录和财务报表金额，在把按外币计量的金额转化为按记账本位币计量的金额的过程中产生的折算汇兑损益。

汇兑损益按其是否已经在本期实现，可分为：

(1) 已实现的汇兑损益，是指产生汇兑损益的外币业务在本期内已经全部完成所产生的汇兑损益，例如，收到的外币存款在实际支付时；应收的外币债权在实际收回时；应付的外币债务在实际偿还时；不同货币在实际兑换时。一般来说，交易损益和兑换损益属于已实现汇兑损益。

(2) 未实现的汇兑损益，是指产生汇兑损益的外币业务尚未完成，例如，收到的外币存款尚未实际支付；应收的外币债权尚未实际收回；应付的外币债务尚未实际偿还；一种货币尚未兑换为另一种货币。一般来说，调整损益和折算损益属于未实现的汇兑损益。

另外，对于交易损益还可以将其划分为已结算交易损益和未结算交易损益两种。已结算交易损益是在记录原始交易日与记录结算日所应用的汇率不同而产生的汇兑损益；未结算交易损益是在原始交易日与结算日跨越了两个会计期间的情况下，为了满足在会计期末编制财务报表的需要，对于尚未结算的债权债务按照编表日的汇率加以表述，我们将这种在交易结算日之前为编制报表所产生的损益，称做未结算交易损益。

2. 汇兑损益的确认

对于汇兑损益的确认，存在着两种不同的观点：

一种观点认为，要划分已实现和未实现汇兑损益。这种观点认为本期汇兑损益的确认，应以实现为准，即只有已实现的汇兑损益才能作为本期的汇兑损益登记入账。未实现的汇兑损益不能确认入账，待以后实现时才能予以确认。按照这种观点，除已实现的汇兑损益可以入账外，不管外部实际汇率发生多大变化，对于企业外币性资产和负债项目，一般不能因汇率变动而调整其账面的记账本位币金额。即使调整也应区分已实现汇兑损益和未实现汇兑损益，对于未实现汇兑损益要递延到以后会计期间，待实际业务发生或已结算完成后，再计入该期损益。

另一种观点认为，不必划分已实现汇兑损益和未实现汇兑损益。这种观点主张将本期已实现和未实现汇兑损益全部计入当期损益。即只要汇率发生变动，就应确认其汇兑损益已经实现。因此，期末对于各项外币货币性项目均应按照规定的汇率作为折算汇率，重新调整所有外币账户的余额。产生的汇兑损益不论是否在本期内已经实现，全部计入当期损益。这种观点在运用中又可以分为两种做法：一种是每年调整一次，即在年末根据规定的汇率调整外币账户；另一种是每月调整一次，即在月末根据规定的汇率调整外币账户。

目前，在我国会计实务中，对于调整损益大多数企业采用的是第二种观点，而对于外币报表折算损益则先作递延处理，待处置境外经营时再计入当期损益。

3. 汇兑损益的处理

我国企业会计准则规定，对汇兑损益应当按照下列规定进行处理：

（1）外币货币性项目，采用资产负债表日即期汇率折算。因资产负债表日即期汇率与初始确认或者前一资产负债表日即期汇率不同而产生的汇兑损益，计入当期损益。

（2）以历史成本计量的外币非货币性项目，仍采用交易发生日的即期汇率折算，不改变其记账本位币金额，由于已在交易发生日按当日即期汇率折算，资产负债表日不应改变其原记账本位币金额，不产生汇兑差额。

（3）以公允价值计量的外币非货币性项目，如交易性金融资产（股票、基金等），采用公允价值确定日的即期汇率折算，折算后的记账本位币金额与原记账本位币金额的差额，作为公允价值变动（含汇率变动）处理，计入当期损益。

（4）企业收到投资者以外币投入的资本，应当采用交易发生日即期汇率折算。不得采用合同约定汇率和即期汇率的近似汇率折算，外币投入资本与相应的货币性项目的记账本位币金额之间不产生外币资本折算差额。

（5）企业编制合并财务报表涉及境外经营的，如有实质上构成对外经营净投资的外币货币性项目，因汇率变动而产生的汇兑差额，应列入所有者权益“外币报表折算差额”项目；处置境外经营时，计入处置当期损益。

（三）外币交易会计处理的两种基本方法

外币交易会计处理基本方法有两种观点：

1. 单一交易观点是指企业将发生的购销货业务和以后的账款结算业务看做是一项交易的两个阶段，采用这种观点，将汇率变动的影响作为原入账销售收入或购货成本的调整，即按记账本位币计量的销售收入和购货成本，最终取决于结算日的汇率。这种方法的要点是：

（1）在交易发生日，按当日汇率将交易发生的外币金额折算为记账本位币入账；

（2）在资产负债表日，如果交易尚未结算，应按资产负债表日规定的汇率将交易发生额折算为记账本位币金额，并对有关外币资产、负债、收入、成本账户进行调整；

（3）在交易结算日，应按结算日汇率将交易发生额折算为记账本位币金额，并对有关外币资产、负债、收入、成本账户进行调整。

2. 两项交易观点是指对企业发生的购货或销货业务，将交易的发生和以后的货款结算看做是两项交易。在这种观点下，购货成本或者销售收入均按照交易日的汇率确定，而与结算日的汇率无关，在交易过程中所形成的外币债权债务将承受汇率变动风险，即确认的购货成本或销售收入取决于交易日的汇率。

在两项交易观点下，对结算日前的汇兑损益有两种处理方法：一种方法是作为已实现的损益，列入当期利润表；另一种方法是作为未实现损益作递延处理，列入资产负债表，待到结算日再作为已实现的汇兑损益入账。

（四）外币业务的记账方法的统账制与分账制

1. 统账制

外币统账制，是指企业发生外币业务时，即折算为记账本位币入账。采用外币统账制进行外币核算，将外币折算为记账本位币时，有当日汇率法和期初汇率法两种方法可供选择。

（1）当日汇率法，是指对每笔外币业务均按业务发生当天的市场汇率折算为记账本位币。除了外币兑换业务外，平时不确认汇兑损益，月末再将各外币账户的外币余额按月末汇率折合为记账本位币金额，折合后的记账本位币金额与账面记账本位币金额的差额，确认为汇兑损益。采用当日汇率法，需要了解每日的市场汇率信息，增加了会计工作量，这种方法一般适用于外币种类较少，外币业务量较小的企业。

（2）期初汇率法，是指对每笔外币业务均在发生时按当期期初（即当月 1 日）的市场汇率折合为记账本位币。除了外币兑换业务外，平时不确认汇兑损益，月末再将各外币账户的外币余额按月末汇率折合为记账本位币金额，并将其与账面记账本位币金额的差额，确认为汇兑损益。这种方法与前一种方法相比，只需掌握每月 1 日的市场汇率信息，减少了会计工作量，这种方法适用于外币业务较多的企业。

2. 分账制

外币分账制，是指企业在外币业务发生时，直接按照原币记账，不需要按一定的汇率折算成记账本位币，月末再将所有原币的发生额按一定的市场汇率折算为记账本位币，并确认汇兑损益。采用这种方法，需要按币种分设账户，分币种核算损益。这种方法减少了日常会计核算的工作量，又可及时、准确地反映外币业务情况，一般适用于外币业务繁多的企业。

（五）外币财务报表折算的基本方法

世界各国对外币财务报表折算所采用的方法主要有以下四种：

1. 流动与非流动项目法

这种方法是将资产负债表项目按其流动性划分为流动项目和非流动项目两类。流动项目包括流动资产和流动负债。流动资产项目主要有现金、银行存款、应收账款和存货等；流动负债项目主要有应付账款、应付票据等。非流动项目是指除了流动项目以外的资产负债项目，主要有长期投资、固定资产、无形资产、递延资产、长期负债和所有者权益等。具体折算方法是：对于流动资产和流动负债项目按报表编制日的现行汇率折算；对于非流动项目按资产取得或负债发生时的历史汇率折算；对于利润表项目，除了折旧费用和摊销费用按其相关资产取得时的历史汇率折算外，其他收入和费用项目，均按会计报告期内的平均汇率折算。

2. 货币与非货币项目法

这种方法是将资产负债表项目划分为货币性项目和非货币性项目两类。货币性项目是指货币性资产和负债。货币性资产主要有库存现金、银行存款、应收账款、应收票据等；货币性负债主要有应付账款、应付票据和长期借款等。非货币性项目，是指除了货币性项目以外的资产、负债和所有者权益项目。具体折算方法是：对于货币性资产和负债项目，按现行汇率折算；对于非货币性项目，按其取得或发生时的历史汇率折算；对于利润表项目，除了折旧费用和摊销费用按其相关资产取得时的历史汇率折算外，其他收入和费用项目，均按会计报告期内的平均汇率折算。

3. 时态法

这种方法是针对资产负债表项目的计量方法不同而选择不同汇率进行折算的一种方法。具体折算方法是：对于现金、应收和应付项目，不论是按原始成本，还是按现行成本计价，均按现行汇率折算；对于其他资产负债项目，如果在子公司报表上以历史成本计价，则按历史汇率折算，如果在子公司报表上以现行成本计价，则按现行汇率折算；对于所有者权益项目，按发生时的历史汇率折算；对于利润表项目，除了折旧费用和摊销费用按历史汇率折算外，其他项目均按平均汇率折算。外币资产负债表和收益表项目在折算过程中形成的折算损益均应确认为当期损益。

4. 现行汇率法

这种方法是对外币资产负债表中的所有资产负债项目均按现行汇率折算。这种方法的具体折算方法是：对于所有的资产负债均按现行汇率折算；对于收入和费用项目，均按平均汇率折算；对于实收资本项目，按发生时的历史汇率折算。

对于上述四种方法，按照国际会计准则委员会的要求，各国可从后两种方法中选择一种应用。我国采用的是现行汇率法。

（六）外币报表折算差额的基本处理方法

外币报表折算差额，是指外币报表折算时，由于不同项目所采用的汇率不同而产生的差额。外币报表折算差额的会计处理，目前尚存在一些不同意见，但其基本处理方法有两种：

1. 作递延处理，这种方法是将外币报表折算差额以单独项目列示在资产负债表的股东权益项目中，不予摊销，作递延处理。采用现行汇率法可作递延处理。

2. 作当期损益处理，这种方法是将外币报表折算差额作当期损益处理，以“折算损益”项目列示在利润表中。采用时态法应将折算差额作为当期损益处理。

（七）我国会计准则有关外币财务报表折算的规定

根据我国《企业会计准则第19号——外币折算》的规定，企业将境外经营的财务报表并入本企业财务报表时，应遵循下列规定进行折算：

1. 资产负债表中的资产负债项目，采用资产负债日的即期汇率折算，所有者权益项目除“未分配利润”项目外，其他项目采用发生时的即期汇率折算。也就是说，将资产和负债项目全部按照资产负债表日的现行汇率折算；对于所有者权益项目（“未分配利润”除外）均按照权益发生时的历史汇率折算。

2. 利润表中的收入和费用项目采用交易发生日的即期汇率折算，也可以采用按照系统合理的方法确定的与交易日即期汇率近似的汇率折算。新准则所倡导的方法是对损益类项目采用交易发生日的即期汇率即历史汇率进行折算。此外，也可以采用与交易日即期汇率近似的汇率进行折算，但是这种汇率的确定方法应该是系统合理的，具有一惯性，不能随意变更。

3. 按照上述两步折算所产生的外币财务报表折算差额应当在并入后的资产负债表中作为所有者权益单独列示，其中属于少数股东权益的部分，应列入少数股东权益项目。

（八）恶性通货膨胀下合并境外经营问题

当企业合并处于恶性通货膨胀的境外经营的财务报表时，应当按照下列规定进行折算：

先对资产负债表项目运用一般物价指数予以重述，对利润表项目运用一般物价指数变动予以重述；再按照最近资产负债表日的即期汇率进行折算，即采取先消除恶性通货膨胀的影响，再进行折算的办法。

当境外经营不再处于恶性通货膨胀经济环境中时，应当停止重述，按照停止之日的价格水平重述的财务报表进行折算。

根据我国《企业会计准则第19号——外币折算》应用指南的解释，恶性通货膨胀经济通常按照以下特征进行判断：

1. 最近3年累计通货膨胀率接近或超过100%。

2. 利率、工资和物价与物价指数挂钩。

3. 公众不是以当地货币，而是以相对稳定的外币为单位作为衡量货币金额的基础。

4. 公众倾向于以非货币资产或相对稳定的外币来保存自己的财富，持有的当地货币立即用于投资以保持购买力。

5. 即使信用期限很短，赊销、赊购交易仍按补偿信用期预计购买力损失的价格成交。

（九）处置境外经营问题

企业在处置境外经营时，应当将资产负债表中所有者权益项目下列示的、与境外经营相关的外币财务报表折算差额，自所有者权益项目转入处置当期损益；部分处置境外经营的，应当按处置的比例计算处置部分的外币财务报表折算差额，转入处置当期损益。

（十）外币折算信息的披露

根据我国《企业会计准则第 19 号——外币折算》的要求，企业应在报表附注中披露与外币折算有关的如下信息：

1. 企业及其境外经营选定的记账本位币及选定的原因；记账本位币发生变更的，说明变更的理由。

2. 采用近似汇率的，说明近似汇率的确定方法。

3. 计入当期损益的汇兑差额。

4. 处置境外经营对外币财务报表折算差额的影响。

四、练习题

（一）单项选择题

1. 将一种货币兑换为另一种货币的业务是(　　)。

A. 外币交易　　B. 外币兑换

C. 外币信贷　　D. 外币折算

2. 资产负债表日本国货币与外币之间的比率是(　　)。

A. 现行汇率　　B. 历史汇率

C. 即期汇率　　D. 远期汇率

3. 属于已实现汇兑损益的是(　　)。

A. 交易损益　　B. 调整损益

C. 换算损益　　D. 折算损益

4. 企业在资产负债表日将所有外币货币性账户按期末即期汇率进

行调整时而产生的汇兑损益是(　　)。

A. 交易损益　　B. 折算损益

C. 调整损益　　D. 兑换损益

5. 按照两项交易观点，确认的购货成本或销售收入取决于(　　)的汇率。

A. 交易日　　B. 结算日

C. 决算日　　D. 成交日

6. 对于投入外币资本业务，应当采用交易发生日即期汇率折算。不得采用合同约定汇率和即期汇率的近似汇率折算，外币投入资本与相应的货币性项目的记账本位币金额之间不产生(　　)。

A. 盈余公积　　B. 资本折算差额

C. 汇兑损益　　D. 财务费用

7. 企业应将借入的外币按交易发生(　　)的即期汇率折合为人民币记账。

A. 当日　　B. 当年

C. 年末　　D. 月末

8. 在编制合并报表前，需要对(　　)的外币报表进行折算。

A. 母公司　　B. 子公司

C. 关联方　　D. 债权方

9. 在采用流动与非流动项目法时，对于非流动资产应按(　　)进行折算。

A. 现行汇率　　B. 历史汇率

C. 即期汇率　　D. 远期汇率

10. 美国财务会计准则委员会在第6号财务会计准则公告中，将(　　)确立为外币报表折算的唯一公认原则。

A. 流动与非流动项目法　　B. 货币与非货币项目法

C. 现行汇率法　　D. 时间量度法

11. 按照两项交易观点，我国普遍采用的方法是将汇率变动的影响确认为(　　)。

A. 收入调整　　B. 权益调整

C. 已实现损益　　D. 未实现损益

12. 以下属于外币非货币性项目的是(　　)。

A. 应收账款　　　　B. 长期股权投资

C. 长期应收款　　　　D. 长期借款

13. 一般情况下，利润表中的收入和费用项目采用(　　)折算。

A. 交易发生日的即期汇率　　　　B. 资产负债日的即期汇率

C. 平均汇率　　　　D. 历史汇率

14. 在我国，外币报表折算差额在合并资产负债表中作为(　　)列示。

A. 资产　　　　B. 负债

C. 所有者权益　　　　D. 附注

15. 以公允价值计量的外币非货币性项目，折算后的记账本位币金额与原记账本位币金额的差额，作为(　　)处理。

A. 资本公积　　　　B. 财务费用

C. 递延汇兑损益　　　　D. 公允价值变动损益

(二) 多项选择题

1. 按照我国外汇管理暂行条例规定，下列项目中属于外汇的项目有(　　)。

A. 外国货币　　　　B. 外币有价证券

C. 外汇收支凭证　　　　D. 外国纸币

E. 外国铸币

2. 下列项目中属于外币业务类型的有(　　)。

A. 外币兑换　　　　B. 外币信贷

C. 外币标价　　　　D. 外币交易

E. 外币折算

3. 对于外汇汇率的标价方法有(　　)。

A. 直接标价法　　　　B. 现行汇率法

C. 历史汇率法　　　　D. 间接标价法

E. 时态法

4. 下列项目中属于经常性汇兑损益的有(　　)。

A. 交易损益　　　　B. 兑换损益

C. 调整损益　　　　D. 折算损益

E. 核算损益

5. 企业的外币货币性项目有(　　)。

A. 外币现金　　B. 外币银行存款

C. 外币债权　　D. 外币债务

E. 存货

6. 对外币报表进行折算所采用的汇率有(　　)。

A. 现行汇率　　B. 平均汇率

C. 历史汇率　　D. 远期汇率

E. 浮动汇率

7. 目前世界各国对外币报表进行折算的方法通常有(　　)。

A. 平均汇率法　　B. 现行汇率法

C. 历史汇率法　　D. 时态法

E. 货币与非货币项目法

8. 在流动与非流动项目法下，下列项目中属于流动项目的有(　　)。

A. 库存现金　　B. 银行存款

C. 应收账款　　D. 存货

E. 短期借款

9. 在流动与非流动项目法下，下列项目中属于非流动项目的有(　　)。

A. 长期股权投资　　B. 长期借款

C. 实收资本　　D. 存货

E. 固定资产

10. 在货币与非货币项目法下，下列项目中属于货币性项目的有(　　)。

A. 银行存款　　B. 应收票据

C. 长期借款　　D. 应付账款

E. 存货

11. 采用外币统账制进行外币核算，将外币折算为记账本位币时，通常可以选用的方法有(　　)。

A. 当日汇率法　　B. 期末汇率法

C. 期初汇率法　　　　　　　　D. 平均汇率法

E. 历史汇率法

12. 以下报表项目中，采用发生时的即期汇率折算的有(　　)。

A. 实收资本　　　　　　　　B. 股本

C. 资本公积　　　　　　　　D. 盈余公积

E. 未分配利润

13. 在两项交易观点中，汇兑损益可以记入的会计科目有(　　)。

A. “资本公积”　　　　　　B. “主营业务收入”

C. “财务费用”　　　　　　D. “存货”

E. “递延汇兑损益”

14. 单一交易观点下，在资产负债表日，应对(　　)账户进行调整。

A. “汇兑损益”　　　　　　B. 收入类

C. 资产类　　　　　　　　D. 负债类

E. 成本类

15. 会计期末外币项目余额调整时，汇率变动的影响可能记入的会计科目有(　　)。

A. “财务费用”　　　　　　B. “公允价值变动损益”

C. “资产减值损失”　　　　D. “固定资产”

E. “无形资产”

（三）判断题

1. 根据我国《企业会计准则第 19 号——外币折算》的有关规定，企业必须以人民币作为记账本位币。(　　)

2. 汇率是将一国货币换算成另一国货币的比率。(　　)

3. 外币交易应当在初始确认时，采用交易发生日的即期汇率将外币金额折算为记账本位币，也可以采用按照系统合理的方法确定的，与交易日即期汇率近似汇率折算。(　　)

4. 一般来说，交易损益属于未实现损益。(　　)

5. 单一交易观点在理论上虽然符合在取得时确认资产价值，但在实务上却不可行。(　　)

6. 在两项交易观点下，购货成本与销售收入的确定，与交易日的

汇率无关。（ ）

7. 在外币报表折算中，只需处理好对外币报表中的各个项目选择什么汇率进行折算的问题。（ ）

8. 现行汇率法假设所有的外币资产都将受汇率变动的影响，这与实际情况是不符的。（ ）

9. 采用时态法，对于存货项目，如果在子公司报表上以历史成本计价，则按历史汇率折算；如果在子公司报表上以现行成本计价，则按现行汇率折算。对于所有者权益项目也是这样。（ ）

10. 外币报表折算差额，是指在外币报表折算时，由于不同项目所采用的汇率不同而产生的差额，它是一种未实现汇兑损益。（ ）

11. 我国外币财务报表的折算实质上采用的是现行汇率法。（ ）

12. 外币折算损益的大小，与所选用的折算方法无关。（ ）

13. 企业经营所处的主要经济环境发生重大变化时，可以变更企业的记账本位币。（ ）

14. 以历史成本计量的外币非货币性项目，应采用资产负债表日即期汇率折算。（ ）

15. 在单一交易观点下，外汇交易损益作为销售收入调整处理。

（ ）

（四）计算与账务处理题

1. 练习外币交易会计处理的基本方法

（1）中国某公司2×13年12月15日以赊销方式向美国某公司出口商品一批，计10 000美元，当天的汇率为￥6.37＝$1；12月31日的汇率为￥6.30＝$1；结算日为2×14年1月30日，当天的即期汇率为￥6.32＝$1。买卖双方约定货款以美元结算，该公司所选择的记账本位币为人民币。

（2）中国某外贸进出口公司于2×13年12月15日从美国某公司进口商品一批，计10 000美元，当天的汇率为￥6.37＝$1；12月31日的汇率为￥6.30＝$1；结算日为2×14年1月30日，当天的即期汇率为￥6.32＝$1。买卖双方约定货款以美元结算，该公司所选择的记账本位币为人民币。

要求：

根据（1）和（2），分别采用单一交易观点和两项交易观点进行会计处理。

2. 练习外币业务的会计处理

（1）某公司将其所持有的2 000美元卖给银行，当天银行买入价为￥6.32＝$1，实收人民币12 640元。该公司按当月1日汇率￥6.30＝$1作为折合汇率。

要求：

编制会计分录。

（2）某公司从银行买入美元20 000元，当天银行卖出价为￥6.32＝$1，实付人民币126 400元；该公司按当月1日汇率作为折合汇率，月初汇率为￥6.30＝$1。

要求：

编制会计分录。

（3）某公司2×13年7月1日从银行借入1年期贷款10 000美元，年利率为5%，借款当天的即期汇率为￥6.78＝$1；2×13年12月31日的即期汇率为￥6.60＝$1；2×14年7月1日偿还贷款本金，还款当天的即期汇率为￥6.47＝$1。

要求：

计算贷款利息，并编制会计分录。

（4）某公司以人民币作为记账本位币，2×13年12月3日以每股1.5美元的价格购入A公司B股1 000股作为交易性金融资产，当日即期汇率为￥6.67＝$1，款项已付清；2×13年12月31日，由于股市价格变动，当月3日购入A公司B股的市价为每股2美元，当日即期汇率为￥6.60＝$1；2×14年4月8日，该公司将所购B股股票以每股2.3美元全部售出，当日即期汇率为￥6.53＝$1。

要求：

编制会计分录。

（5）某公司收到某外商的外币资本投资20 000美元，收到出资款当天的即期汇率为￥6.80＝$1。

要求：

编制会计分录。

3. 练习期末外币货币性项目调整的计算和会计处理

根据表 3-1 中的数据计算填列表格空白处，并编制调整外币账户余额的会计分录。

表 3-1 **期末外币货币性项目调整计算表**

外币账户名称	美元余额（美元）	期末即期汇率	调整前人民币余额（人民币元）	调整后人民币余额（人民币元）	差额（人民币元）
银行存款	1 000	6.30	9 000		
应收账款	0	6.30	300		
应付账款	300	6.30	2 200		
短期借款	2 000	6.30	18 000		
合计					

4. 练习期末外币非货币性项目调整的会计处理

（1）某公司以人民币为记账本位币，2×13 年 12 月 15 日进口设备一台，该设备的价款为 500 万美元，设备价款已支付，当天的即期汇率为 ¥6.37 = $1。2×13 年 12 月 31 日的汇率为 ¥6.30 = $1。

要求：

编制会计分录。

（2）某公司以人民币为记账本位币，2×13 年 7 月 1 日进口 A 商品 10 件，每件 1 000 美元，货款以美元支付，当天的即期汇率为 ¥6.47 = $1。2×13 年 12 月 31 日尚有 A 商品存货 5 件，当天的即期汇率为 ¥6.30 = $1，国内市场仍无 A 商品供货，但在国际市场上该种商品价格已降至每件 900 美元。

要求：

编制会计分录。

（3）某公司以人民币作为记账本位币，2×13 年 3 月 1 日以每股 2 美元的价格购入 G 公司 B 股 1 000 股作为交易性金融资产，当日即期汇率为 ¥6.58 = $1，款项已付清；2×13 年 12 月 31 日，由于股市价格变动，G 公司 B 股的市价为每股 2.5 美元，当日即期汇率为 ¥6.30 = $1；2×14 年 2 月 1 日，该公司将所购 G 公司 B 股股票以每股 2.7 美元全部售出，当日即期汇率为￥6.31＝＄1。

要求：

编制会计分录。

五、案例

某母公司的境外子公司M公司的外币报表需要进行折算，资产负债表日的即期汇率为￥6.00＝＄1，期初汇率为￥6.20＝＄1，本年平均汇率为￥6.10＝＄1。母公司对M公司进行资本投资时的即期汇率为￥6.80＝＄1。该子公司外币会计报表的有关数据见表3-2和表3-3。

表3-2　**资产负债表**　单位：万美元

项目	金额
速动资产	400
存货	450
固定资产	1 100
折旧	210
流动负债	150
非流动负债	161
实收资本	400
公积金	154
未分配利润	875

表3-3　**利润表及所有者权益变动表**　单位：万美元

项目	金额
销售收入	3 138
销售成本	1 584
销售利润	1 554
期间费用	430
营业利润	1 124
营业外净损益	65
税前利润	1 189
所得税费用	392
净利润	797
年初未分配利润	557
提取公积金	80
应付股利	399
年末未分配利润	875

要求：

采用现行汇率法，编制 M 公司折算后的财务报表。

案例提示

编制的 M 公司折算后的财务报表见表 3-4 和表 3-5。

表 3-4 **M 公司折算后的资产负债表** 单位：万元

项目	金额（美元）	折算汇率	金额（人民币）
流动资产			
速动资产	400	6.00	2 400
存货	450	6.00	2 700
固定资产	1 100	6.00	6 600
减：累计折旧	210	6.00	1 260
资产总计	1 740	6.00	11 040
负债			
流动负债	150	6.00	900
非流动负债	161	6.00	966
负债总计	311		1 866
所有者权益			
实收资本	400	6.80	2 720
公积金	154		1 072①
未分配利润	875		5 838.8②
报表折算差额			-1 056.8
所有者权益总计	1 429		9 174

注：①公积金 1 072 万元是按业务发生时的汇率折算的，年初资产负债表上的该项目为 584 万元，本年提取的是：80×6.10=488（万元）。两者合计 1 072 万元。

②未分配利润 5 838.8 万元系按照折算后利润分配表中未分配利润的数额列示。

表 3-5　　　　**M 公司折算后利润表及所有者权益变动表**

（按平均汇率折算）　　　　单位：万元

项目	金额（美元）	折算汇率	金额（人民币）
销售收入	3 138	6.10	19 141.8
减：销售成本	1 584	6.10	9 662.4
销售利润	1 554	6.10	9 479.4
减：期间费用	430	6.10	2 623
营业利润	1 124	6.10	6 856.4
加：营业外净损益	65	6.10	396.5
税前利润	1 189	6.10	7 252.9
减：所得税	392	6.10	2 391.2
净利润	797	6.10	4 861.7
加：年初未分配利润	557		3 899*
可供分配利润	1 354		8 760.7
减：提取盈余公积	80	6.10	488
应付股利	399	6.10	2 433.9
年末未分配利润	875		5 838.8

* 年初未分配利润 3 899 万元系上年所有者权益变动表折算后的未分配利润的数额。

第四章 租赁会计

一、学习目的与要求

通过本章的学习，了解企业租赁的含义与方式；了解租赁的种类及作用；掌握企业租赁的基本分类；掌握经营租赁与融资租赁不同方式下，出租人与承租人各自的账务处理方法；掌握出租业务与承租业务在财务报告中的列报内容；掌握售后租回业务的会计处理方法及其在财务报告中的披露内容。

二、预习要览

（一）关键概念

1. 租赁
2. 融资租赁
3. 租赁内含利率
4. 最低租赁付款额
5. 最低租赁收款额
6. 初始直接费用
7. 或有租金
8. 履约成本
9. 租赁开始日
10. 未担保余值

（二）关键问题

1. 何为租赁？租赁的基本分类有哪些？如何划分经营租赁与融资租赁？

2. 租赁有哪些好处？

3. 经营租赁中，承租人与出租人在会计处理原则上有什么不同？

4. 简述融资租赁中，租赁期开始日承租人与出租人不同的确认方式及账务处理方法。

5. 融资租赁与经营租赁在报表上的列报有何不同？

6. 何为售后租回？简述售后租回业务中承租人与出租人各自的会计处理方法。

三、本章重点与难点

□ 租赁的基本分类及经营租赁与融资租赁的划分

□ 未确认融资费用分摊利率的确定及分摊时的会计处理

□ 未担保余值发生减值时出租人的账务处理

（一）租赁的基本分类及经营租赁与融资租赁的划分

根据与租赁资产所有权相关的风险和报酬是否从出租人转移给承租人，可以将租赁分为融资租赁和经营租赁两大类。

融资租赁（financing leases），也称资本租赁（capital leases），是指出租人实质上将与资产所有权相关的一切风险和报酬都转移给承租人的一种租赁。其所有权最终可能转移，也可能不转移。所谓与租赁资产所有权有关的风险，是指由于生产能力的闲置或工艺技术的陈旧可能造成的损失，以及由于经济情况变动可能造成的收入变动。所谓与租赁资产所有权有关的报酬，是指在资产的有效使用年限内直接使用租赁资产而可能获取的利益，以及因资产升值或变卖余值可能实现的收入。

如果与租赁资产所有权有关的风险和报酬实质上并未转移给承租人，那么这种租赁就应归类为经营租赁（operating leases）。经营租赁资产的所有权不转移，租赁期届满后，承租人有退租或续租的选择权，而不存在优惠购买选择权。

判断一项租赁是融资租赁还是经营租赁，应根据交易的实质而不是合同的形式，即根据与租赁资产所有权有关的全部风险和报酬是否转移来判断。具体说来，如果一项租赁符合以下任一标准，则应将其确定为融资租赁：

（1）在租赁期届满时，租赁资产的所有权转移给承租人。此种情况通常是指在租赁合同中已经约定或者在租赁开始日根据相关条件作出合理判断，租赁期届满时出租人能够将资产的所有权转移给承租人。

（2）承租人有购买租赁资产的选择权，并且所确定的购买价格预计将远低于行使选择权时租赁资产的公允价值，因而在租赁开始日就可以合理确定承租人将会行使这种选择权。该种情况是第一种情况中的一种，即承租人须支付购买价款才可以拥有该资产的所有权。

（3）即使资产的所有权不转移，但租赁期占租赁资产使用寿命的大部分。其中“大部分”，通常是指租赁期占租赁资产使用寿命的75%以上（含75%）。值得注意的是，如果租赁资产在开始租赁前已使用年限超过了该资产全新时可使用寿命的大部分，即使租赁期占租赁资产剩余使用寿命的大部分，也不应该确定为融资租赁，而应确定为经营租赁。也就是说，属于融资租赁的资产必须是全新或较新的资产，否则都应该确定为经营租赁。

（4）承租人在租赁开始日的最低租赁付款额的现值，几乎相当于租赁开始日租赁资产的公允价值；出租人在租赁开始日的最低租赁收款额现值，几乎相当于租赁开始日租赁资产的公允价值。其中“几乎相当于”，通常是指在90%以上（含90%）。

（5）租赁资产性质特殊，如果不作较大改造，只有承租人才能使用。

（二）未确认融资费用分摊利率的确定及分摊时的会计处理

在融资租赁下，承租人向出租人支付的租金中，包含了本金和利息两部分。承租人应支付的租金应在租赁期内进行分摊，一方面应减少长期应付款（即本金部分），另一方面应同时将未确认的融资费用按合理的方法确认为当期融资费用（即利息部分）。在先付租金（即每期期初等额支付租金）的情况下，租赁期第一期应支付的租金中不含利息，只需减少长期应付款，不必同时确认当期融资费用。

未确认融资费用应当在租赁期内的各个期间进行分摊。承租人应当采用实际利率法计算确认当期的融资费用。承租人采用实际利率法分摊未确认融资费用时，应当根据租赁期开始日租入资产入账价值的不同情况，对未确认融资费用采用不同的分摊率：

（1）以出租人的租赁内含利率为折现率将最低租赁付款额折现，且以该现值作为租入资产入账价值的，应当将租赁内含利率作为未确认融资费用的分摊率。

（2）以合同规定的利率为折现率将最低租赁付款额折现，且以该现值作为租入资产入账价值的，应当将合同规定利率作为未确认融资费用的分摊率。

（3）以银行同期贷款利率为折现率将最低租赁付款额折现，且以该现值作为租入资产入账价值的，应当将银行同期贷款利率作为未确认融资费用的分摊率。

(4) 以租赁资产公允价值作为入账价值的，应当重新计算分摊率。该分摊率是使最低租赁付款额的现值与租赁资产公允价值相等的折现率。

支付租金的账务处理为：承租人对每期支付的租金，应按每期支付的租金金额，借记“长期应付款——应付融资租赁款”科目，贷记“银行存款”科目，如果支付的租金中包含履约成本，还应同时借记“制造费用”、“管理费用”等科目。

分摊未确认融资费用时，按当期应分摊的未确认融资费用金额，借记“财务费用”科目，贷记“未确认融资费用”科目。

(三) 未担保余值发生减值时出租人的账务处理

出租人至少应当于每年年度终了，对未担保余值进行复核。有证据表明未担保余值已经减少的，应当重新计算租赁内含利率，并将由此而引起的租赁投资净额的减少计入当期损益；以后各期根据修正后的租赁投资净额和重新计算的租赁内含利率确认融资收入。租赁投资净额是融资租赁中最低租赁收款额及未担保余值之和与未实现融资收益之间的差额。

已确认损失的未担保余值得以恢复，应在原已确认的损失金额内转回，并重新计算租赁内含利率，以后各期根据修正后的租赁投资净额和重新计算的租赁内含利率确认融资收入。

由于未担保余值的金额影响租赁内含利率的大小，从而决定着未实现融资收益的分配，因此，为了真实地反映企业的资产和经营业绩，根据谨慎性原则的要求，在未担保余值发生减少和已确认损失的未担保余值得以恢复的情况下，均应当重新计算租赁内含利率，以后各期根据修正后的租赁投资净额和重新计算的租赁内含利率确认融资收入。

未担保余值发生减值时的有关账务处理如下：

1. 在未担保余值发生减少时，如果对前期已确认的融资收入不作追溯调整，只需对未担保余值发生减少的当期和以后各期，根据修正后的租赁投资净额和重新计算的租赁内含利率计算确认融资收入。具体会计处理方法为：

(1) 资产负债表日，确定未担保余值发生减值的，按应减记的金额，借记“资产减值损失”科目，贷记“未担保余值减值准备”科目。

（2）未担保余值价值以后又得以恢复的，应在原已计提的未担保余值减值准备金额内，按恢复增加的金额，借记“未担保余值减值准备”科目，贷记“资产减值损失”科目。未担保余值增加的，不作调整。

2. 在未担保余值发生减少时，如果需要对前期已确认的融资收入作相应调整，则在确认减值损失、重新计算租赁内含利率的同时，还应将由此导致的租赁投资净额的减少数计入当期损益。

四、练习题

（一）单项选择题

1. A 公司向 B 公司融资租赁设备，设备的成本为 50 万元，租期 5 年，经计算年租金为 123 709 元，租赁合同期满时，租赁资产退回出租人，承租方担保残值为 5 万元，则最低租赁付款额为(　　)元。

A. 668 545　　B. 618 545

C. 623 709　　D. 500 000

2. 下列各项中，不应计入初始直接费用的有(　　)。

A. 佣金　　B. 履约成本

C. 差旅费　　D. 租赁合同的印花税

3. 甲公司于 2014 年 1 月 1 日采用经营租赁方式从乙公司租入机器设备一台，租期为 4 年，设备价值为 200 万元，预计使用年限为 12 年。租赁合同规定：第 1 年免租金，第 2、3、4 年的租金均为 32 万元，并于每年年初支付。根据上述资料，2014 年甲公司应确认的租金费用应为(　　)万元。

A. 0　　B. 24

C. 32　　D. 50

4. 融资租入固定资产的入账价值应该是(　　)。

A. 应付租赁款

B. 评估确认价

C. 应付租赁款加运杂费

D. 租赁开始日租赁资产公允价值与最低租赁付款额的现值二者中

较低者

5. 对于下列融资租赁事项，出租人无需在财务报告中披露的内容是(　　)。

A. 未实现融资收益的余额

B. 分配未实现融资收益所采用的方法

C. 融资租赁资产的未担保余值

D. 资产负债表日后连续三个会计年度内每年收到的最低租赁收款额及以后年度将收到的最低租赁收款额的总额

6. 某企业外币业务采用发生时的市场利率核算。本月从境外融资租入一台设备，融资租赁合同中规定的应付价款总额为 5 万美元。取得该设备时的市场利率为 1 美元 =6. 84 元人民币，设备运输中发生境内运输费用 2 万元、保险费用 1 万元，另发生安装调试费用 1. 8 万元，则该融资租赁设备在租赁开始日的入账价值应为(　　)万元。

A. 39　　B. 38

C. 36　　D. 34. 2

7. 某企业以融资租赁方式租入固定资产一台，应付融资租赁费为 180 万元，另发生运杂费 8 万元，安装调试费用 10 万元，租赁业务人员发生的差旅费用为 2 万元，该固定资产的租赁期为 9 年，同类固定资产折旧年限为 10 年，无残值。按照我国会计准则制度的规定，在采用平均年限法下，该固定资产应计提的年折旧额约为(　　)万元。

A. 19. 8　　B. 20

C. 22　　D. 25

8. 某公司融资租入一台设备，租赁期 5 年，入账价值为 90 万元，担保余值为 10 万元。该承租人在租赁开始日无法确定租赁期届满时能否取得该租赁资产的所有权。已知该公司对同类固定资产预计的折旧年限为 8 年，则该固定资产应计提的年折旧额为(　　)万元。

A. 10　　B. 11. 25

C. 16　　D. 18

9. A 企业融资租入一台设备，租金共 80 万元，分 4 年支付，于每年年底支付租金 20 万元。该租赁资产在租赁开始日的公允价值为 60 万元。假设该资产适用的年金现值系数为 3. 312，则该融资租入固定资产的入账价值为(　　)元。

A. 600 000　　B. 730 000

C. 700 000　　D. 662 400

10. 2013 年 12 月 31 日，某企业融资租入一台设备，租赁开始日租赁资产公允价值为 300 万元，最低租赁付款额为 420 万元，按出租人的租赁内含利率折成的现值为 320 万元，则在租赁开始日，租赁资产的入账价值、未确认融资费用和最低租赁付款额分别是(　　)万元。

A. 320、100、420　　B. 300、120、420

C. 420、0、420　　D. 320、0、320

(二) 多项选择题

1. 在对租赁进行分类时，应考虑(　　)。

A. 承租人是否有租赁资产的优惠购买选择权

B. 租赁期占租赁资产使用寿命的比例

C. 租赁期届满时，租赁资产所有权是否转移给承租人

D. 租赁开始日最低租赁付款额或收款额与租赁资产公允价值的比率

2. 下列固定资产应计提折旧的有(　　)。

A. 经营租出的固定资产　　B. 融资租出的固定资产

C. 经营租入的固定资产　　D. 融资租入的固定资产

3. 融资租入固定资产的入账价值可能是(　　)。

A. 租赁开始日最低租赁付款额

B. 租赁开始日租赁资产公允价值

C. 租赁开始日最低租赁收款额的现值

D. 租赁开始日最低租赁付款额的现值

4. 构成最低租赁付款额的内容有(　　)。

A. 或有租金

B. 履约成本

C. 承租人担保的资产余值

D. 承租人应支付或可能被要求支付的各种款项

5. 融资租入固定资产时，核算发生的修理费、保险费等费用的科目有(　　)。

A. “长期待摊费用”　　　　B. “固定资产”

C. “制造费用”　　　　D. “管理费用”

6. 承租人应披露的有关融资租赁的信息是(　　)。

A. 每类租入资产在资产负债表日的账面原值、累计折旧及账面净值

B. 资产负债表日后连续三个会计年度每年将支付的最低租赁付款额，以及以后年度将支付的最低租赁付款额总额

C. 未确认融资费用的余额

D. 分摊未确认融资费用所采用的方法

7. 在租赁合同没有规定优惠购买选择权时，下列属于承租人在租赁期内应支付或可能被要求支付的各种款项是(　　)。

A. 租赁期内承租人每期支付的租金

B. 租赁期届满时，由承租人或与其有关的第三方担保的资产余值

C. 租赁期届满时，承租人未能续约或延期而造成的任何应由承租人支付的款项

D. 在租赁期内为租赁资产支付的修理费

8. 下列关于经营租赁的特点，描述正确的是(　　)。

A. 租赁资产性质特殊，如不作较大修整，只有承租人才能使用

B. 出租人一般需要经过多次出租，才能收回对租赁资产的投资

C. 承租人只是为了经营上的临时需要

D. 租赁期满后，承租人有购买租赁资产的选择权

9. 或有租金支付时，可以记入的会计科目包括(　　)。

A. “管理费用”　　　　B. “在建工程”

C. “销售费用”　　　　D. “财务费用”

10. 构成最低租赁收款额的项目主要包括(　　)。

A. 或有租金

B. 履约成本

C. 独立于承租人和出租人的第三方担保余值

D. 最低租赁付款额

(三) 判断题

1. 融资租赁是指实质上转移了与资产所有权相关的主要风险和报

酬的租赁。 ( )

2. 承租人对融资租入的固定资产，应计提折旧。 ( )

3. 租入固定资产的改良支出均作为“长期待摊费用”核算，然后在其租赁期内平均摊销。 ( )

4. 融资租赁与经营租赁的重要区别是：租赁的目的不同，即前者是为了融通资金，是企业筹集长期债务资本的主要形式，而后者则是为了获得资产的短期使用权，以及取得出租人提供的专门技术服务。 ( )

5. 出租人至少应当于每年年度终了，对未担保余值进行复核。未担保余值增加的，不作调整。 ( )

6. 在融资租赁下，如果租入的资产没有达到预定的可使用状态，承租人应将分摊的未确认融资费用予以资本化，计入租入资产的价值。 ( )

7. 在售后租回交易下，发生的销售收益应予以递延，发生的销售损失应根据谨慎性原则的要求，全部确认为当期损失。 ( )

8. 在经营租赁下，虽然出租人可能承担了承租人某些费用，但是这并不影响承租人在租赁期内的租金费用总额。 ( )

9. 在经营租赁下，如果出租人向承租人提供了免租期，由于在免租期内承租人不需支付租金，因此也不必确认租金费用。 ( )

10. 在融资租赁下，如果未担保余值发生了减值，出租人应根据谨慎性原则的要求，将由此而产生的租赁投资净额的减少确认为当期损失。 ( )

(四) 计算与账务处理题

1. 华美设备租赁公司 2×14 年 10 月以银行存款购入经营租赁资产 400 台，总计金额为 1 000 万元，资产使用寿命为 10 年，预计残值为零，采用直线折旧法，年折旧率为 12%，11 月出租其中 60 台设备，计 150 万元，租期 2 个月，按月收取租金 22 000 元存入银行，并计提折旧，期满后收回该项资产。

要求：

根据上述各项业务编制会计分录。

2. 2×11 年 12 月 28 日，新世纪有限责任公司（以下简称“新世纪公司”）与西部开发租赁公司（以下简称“西部公司”）签订了一份租赁合同，租赁合同的主要条款以及新世纪公司和西部公司对此项租赁业务的会计处理原则分别如下：

（1）租赁合同主要条款：

①租赁标的物：程控生产线。

②起租日：租赁物运抵新世纪公司生产车间之日（即2×12年1月1日）。

③租赁期：从起租日算起36个月（即2×12年1月1日—2×14年12月31日）。

④租金支付方式：自起租日起每年年末支付租金100万元。

⑤该生产线在2×12年1月1日西部公司的账面价值为250万元，公允价值为260万元。

⑥租赁合同规定的利率为8%（年利率）。

⑦该生产线为全新设备，不需要安装，预计使用寿命为5年。

⑧2×13年和2×14年两年，新世纪公司每年按该生产线所生产的产品——微波炉的年销售收入的1%向西部公司支付经营分享收入。

⑨2×14年12月31日，新世纪公司将该生产线退还西部公司。

（2）新世纪公司会计处理原则：

①采用实际利率法确认本期应分摊的未确认融资费用。

②采用年限平均法计提固定资产折旧。

③2×13年、2×14年根据微波炉销售收入向西部公司支付的经营分享收入作为或有租金处理。

（3）西部公司会计处理原则：

①采用实际利率法确认本期应分配的未实现融资收益。

②2×13年、2×14年新世纪公司支付的经营分享收入作为租金收益处理。

已知2×13年、2×14年新世纪公司实现的微波炉销售收入分别为1 000万元和1 500万元。

要求：

根据以上资料，分别就新世纪公司和西部公司的租赁业务进行会计处理。

3. A 公司为了融资，将一台外购尚未使用的新设备出售给 B 租赁公司，然后再以融资租赁的方式将该设备租回。设备账面的成本为 80 万元，售价为 100 万元，以银行存款收讫，增值税税率为 17%。按照租赁协议确定的租赁价款为 130 万元，另外支付运杂费、安装调试费等 20 万元。按照协议规定，租赁价款分 5 年于每年年初支付，该生产线的折旧年限为 5 年，采用直线法计提折旧，无残值。租赁期届满，该设备归 A 公司所有。

要求：

请分别按下列两种情况作账务处理：

（1）假设 A 公司以融资租赁方式将设备租回。

（2）假设 A 公司以经营租赁方式将设备租回，租期为 2 年，年租金为 12 万元，于每年年初支付。

4. A 公司于 2×12 年 12 月 10 日与 B 租赁公司签订一份设备租赁合同。合同主要条款如下：

（1）租赁标的物：甲生产设备。

（2）起租日：2×12 年 12 月 31 日。

（3）租赁期：2×12 年 12 月 31 日至 2×14 年 12 月 31 日。

（4）租金支付方式：2×13 年和 2×14 年每年年末支付租金 1 000 万元。

（5）租赁期满时，甲生产设备的估计余值为 100 万元，其中 A 公司的担保余值为 100 万元。

（6）甲生产设备 2×12 年 12 月 31 日的公允价值为 2 100 万元，预计还可以使用 3 年。

（7）租赁合同利率为 6%。

（8）2×14 年 12 月 31 日，A 公司将甲生产设备归还给 B 租赁公司。

甲生产设备于 2×12 年 12 月 31 日运抵 A 公司，当日投入使用。固定资产均采用平均年限法计提折旧，与租赁有关的未确认融资费用均采用实际利率法摊销，并假定未确认融资费用在相关资产的折旧期限内摊销。

要求：

（1）判断该租赁的类型，并说明理由。

（2）编制 A 公司在起租日的有关会计分录。

（3）编制 A 公司在 2×13 年和 2×14 年年末与支付租金以及其他租赁事项有关的会计分录（金额单位用万元表示）。

5. M 公司于 2×10 年 12 月 10 日与 N 租赁公司签订了一份设备租赁合同。合同主要条款如下：

（1）租赁标的物：甲生产设备。

（2）起租日：2×10 年 12 月 31 日。

（3）租赁期：2×10 年 12 月 31 日至 2×14 年 12 月 31 日。

（4）租金支付方式：2×11 至 2×14 年每年年末支付租金 800 万元。

（5）租赁期满时，甲生产设备的估计余值为 400 万元，其中 M 公司担保的余值为 300 万元，未担保的余值为 100 万元。

（6）甲生产设备 2×10 年 12 月 31 日的原账面原值为 3 500 万元，已提折旧 400 万元，公允价值为 3 100 万元，已使用 3 年，预计还可使用 5 年。

（7）租赁合同年利率为 6%。

（8）2×14 年 12 月 31 日，M 公司将甲生产设备归还给 N 租赁公司。

甲生产设备于 2×10 年 12 月 31 日运抵 M 公司，当日投入使用。M 公司当日的资产总额为 4 000 万元，其固定资产均采用平均年限法计提折旧，与租赁有关的未确认融资费用均采用实际利率法摊销，并假定未确认融资费用在相关资产的折旧期限内摊销。

要求：

（1）判断该租赁的类型，并说明理由。

（2）编制 M 公司在起租日的有关会计分录。

（3）编制 M 公司在 2×11 年年末至 2×14 年年末与租金支付以及其他与租赁事项有关的会计分录。

（假定相关事项均在年末进行账务处理，答案中的单位以万元表示。利率为 6%，期数为 4 期的普通年金现值系数为 3.4651；利率为 6%，期数为 4 期的复利现值系数为 0.7921）

五、案例

2002 年 4 月 11 日，美国 SEC 发布了《第 17465 号民事诉讼公告》和《第 1542 号会计审计执法公告》，指控施乐公司进行财务舞弊，欺诈投资者。

SEC 的诉讼披露资料显示，施乐公司违规的会计处理主要与复印机的租赁安排有关。

从 20 世纪 90 年代中后期开始，销售型租赁成为施乐公司的主要经营模式。在与客户签订的一揽子销售型租赁业务协议中，施乐公司获得的收入包括三部分：箱体（施乐公司对复印机设备的别称）出售收入、设备维护收入和融资收入。按公认会计原则（GAAP）的规定，施乐公司应于租赁开始时将销售型租赁产生的销售利润（账面价值与公允价值之差）确认为箱体收入，应将维护及融资收入分摊记入整个租赁期间。

在多数情况下，施乐公司与客户签订租赁协议，客户按月支付设备租金、维护和融资费用。施乐公司将这种方法称为捆绑租赁。依据美国《财务会计准则第 13 号——租赁》的规定，对于捆绑租赁，必须选择合理的标准，将租赁协议中的收入总额在设备收入、融资收入和维护收入之间进行分摊。

1997 年至 2001 年，通过操纵融资业务的回报率，施乐公司在没有多销售一台复印机或其他产品的情况下，提前确认了 22 亿美元的设备销售收入和 301 亿美元的收益。表 4-1 表示了公司运用不正当的会计手段对相关财务指标的影响情况。

要求：

（1）1997—2001 年施乐公司对外报告的设备融资的平均毛利率为多少？更正后的毛利率为多少？

（2）问题（1）中二者之间的差异说明了什么问题？

（3）试分析施乐公司的目的是什么？你认为如何能达到该目的？

案例提示

（1）平均的毛利率为 43.48%，更正后的毛利率为 56.52%。

（2）二者之间的差异为 13.04%，可以看出设备融资毛利率被人为地低估了。这会使施乐公司数亿美元的应当分期确认的融资收入转移至可以立即确认的复印机销售收入中。从表 4-1 中可以分析出施乐公司重编前、重编后设备融资毛利率差异相当大，从 1997—2001 年最低差异为 8.1%（1998 年），最高竟达到 24.9%（2001 年）。

表 4-1　　不正当会计手段对相关财务指标的影响

财务指标	2001 年	2000 年	1999 年	1998 年	1997 年
设备销售毛利率（%）					
——重编前	32.9	37.5	43.1	43.8	44.5
——重编后	30.5	31.2	37.2	40.5	39.5
设备维护毛利率（%）					
——重编前	39.4	37.6	42.8	44.4	47.4
——重编后	42.2	41.1	44.7	46.6	48.0
设备融资毛利率（%）					
——重编前	34.6	34.5	49.4	50.1	48.8
——重编后	59.5	57.1	63.0	58.2	44.8
总毛利率（%）					
——重编前	36.0	37.4	43.3	44.4	46.9
——重编后	38.2	37.4	42.3	44.3	44.8
销售、管理费用占收入比例(%)					
——重编前	29.1	30.2	27.0	27.3	28.7
——重编后	27.8	29.4	27.4	28.3	29.8

（3）施乐公司的目的在于迎合华尔街的盈利分析预测，从而稳定其股价。在其他条件相同的情况下，分摊给融资收入和维护收入的金额越少，公司在租赁协议生效的当期确认的设备销售收入就越多。这种操纵可以通过高层调整（top-side adjustment）来进行。

此外，在此可以进一步想象，高层通过人为地确定融资回报率，推算出要获得令管理当局满意的销售收入而应当采用的融资回报率，甚至低于增量借款利率，这是租赁准则明文禁止的（有资料显示：1997—

2001 年，施乐在巴西的子公司假设向客户提供复印机的融资回报率在 6% ~8%，而实际上巴西子公司在 1999 年之前融资的利率一直超过 25%。即便按当地借款利率作为融资利率来估算，巴西子公司在此期间报告的复印机销售收入也得调减近 7.58 亿美元)。

第五章　衍生金融工具会计

一、学习目的与要求

通过本章学习，了解衍生金融工具的含义、分类、风险及特点，明确衍生金融工具对传统财务会计所产生的影响；在了解国际会计界关于衍生金融工具会计发展进程的基础上，明确衍生金融工具会计所面临的问题，掌握常见的衍生金融工具在套期保值中的会计处理方法。

二、预习要览

（一）关键概念

1. 金融工具
2. 衍生金融工具
3. 金融资产
4. 金融负债
5. 权益工具
6. 套期会计
7. 套期关系
8. 公允价值套期
9. 现金流量套期
10. 对境外经营净投资套期
11. 预期交易
12. 确定承诺
13. 未实现损益
14. 套期工具
15. 被套期项目

（二）关键问题

1. 什么是衍生金融工具？
2. 衍生金融工具具有哪些风险和特点？
3. 衍生金融工具对传统会计理论有哪些影响？
4. 衍生金融工具会计所面临的主要问题是什么？
5. 什么是套期会计？
6. 什么是公允价值套期？什么是现金流量套期？两者有何主要区别？

7. 如果企业对未确认的确定承诺进行套期，有关会计处理应遵循公允价值套期原则还是现金流量套期原则？为什么？

8. 套期保值是否一定对企业有利？

三、本章重点与难点

☐ 衍生金融工具对传统会计理论的影响

☐ 套期会计的含义与分类

☐ 公允价值套期会计核算原则

☐ 现金流量套期会计核算原则

☐ 对国外实体净投资套期的会计核算原则

☐ 远期外汇合约在套期保值中的应用

（一）衍生金融工具基本概念

（1）金融工具也称金融商品。比较有代表性的观点认为，金融工具是指形成一个企业的金融资产、形成另一个企业的金融负债或权益工具的合约。作为一种书面凭证，金融工具形成收取金融资产的合约权利或支付金融资产的合约义务，这是金融工具的最基本特征。

金融资产是指现金、其他企业的权益工具、从其他企业收取现金或其他金融资产的合约权利或与其他企业交换金融工具的合约权利；金融负债是指交付现金或其他金融资产给其他企业或与其他企业交换金融工具的合约义务；权益工具是指能证明企业对某个企业净资产的所有权的合约。

金融工具按其发展顺序划分，分为基本金融工具和衍生金融工具两大类。

（2）衍生金融工具（deriative financial instruments），亦称衍生金融产品、派生金融产品或衍生品等，是相对于基本金融工具而言的金融工具。

目前国际上主要的金融工具会计准则，都从衍生金融工具的特性上对其进行定义。FASB1998 年发布的第 133 号财务会计准则公告《衍生工具和套期保值活动会计处理》（SFAS133）中对衍生金融工具的定义是，衍生金融工具指同时具有如下三个特征的金融工具或其他合约：①该合约有一个或多个标的，且有一个或多个名义金额或支付条款或名义金额和支付条款均有。这些因素决定了结算金额，并在某些情况下决定是否需要进行结算。②该合约不要求初始净投资，或所要的初始净投资相对于那些预期对市场因素变化具有类似反应的其他类型的合约要少。③该合约的条款要求或允许净额结算；能容易地借助于合约之外的方式进行净额结算；或要求交付一项资产，其使从资产的收受者看来，本质上无异于以净额结算。IASB2004 年修订的第 39 号国际会计准则《金融工具：确认和计量》（IAS39）指出，衍生金融工具是同时具有以下三个特征的金融工具：①其价值随特定利率、金融工具价格、商品价格、汇率、价格或利率指数、信用等级或信用指数或其他变量的变动而变动；②不要求初始净投资，或要求的初始净投资小于预期对市场因素变化有类似反应的其他类型合同所要求的初始净投资；③在未来某一日期进行结算。中国的企业会计准则对衍生金融工具的定义，基本上与 IAS39 相同（参见 CAS22）。

衍生金融工具可以按不同的标准划分成不同的类别。根据以衍生的基本金融工具及应用领域的不同，衍生金融工具分为股票衍生工具、外汇衍生工具和利率衍生工具三类；按风险与收益的对称与否，衍生金融工具分为风险与收益对称式衍生工具和风险与收益不对称式衍生工具两类；按交易方式的不同，衍生金融工具分为场内交易的衍生工具和场外交易的衍生工具两类；按交易方式和特点分类，衍生金融工具则分为金融远期、金融期货、金融期权和金融互换四类。

（3）衍生金融工具具有对冲风险的功能，被广泛用作避险与投机。衍生金融工具具有信用风险、市场风险、流动性风险、作业风险、法律风险和现金流量风险。与基本金融工具相比，衍生金融工具具有衍生性与创新性、契约性与未来性、跨国性与跨期性、杠杆性与高风险性以及风险转移性特点。

（二）衍生金融工具对传统会计理论的影响

衍生金融工具对传统财务会计的影响主要表现在三个方面：

1. 对会计确认的影响

会计确认是将符合会计要素定义和确认标准的项目记入会计报表。一般认为，与衍生金融工具交易有关的权利和义务不完全符合传统财务会计上资产和负债要素的定义，因而不符合确认的条件；而衍生金融工具信息的相关性已使对其进行确认成为人们的共识。因此，衍生金融工具的不断创新，对传统会计要素定义和确认标准产生冲击。

2. 对会计计量的影响

会计计量是指对需要确认的会计要素的金额确定。传统财务会计以历史成本为计量基础。一方面，企业进行衍生金融工具交易时最关心的是衍生金融工具的现时价值、未来价值而不是历史成本，这就产生了按历史成本计量的会计核算目的与按公允价值计量的风险管理目的之间的矛盾；另一方面，大多数情况下衍生金融工具作为一种合约，在交易未实际发生之前尚无历史成本可循。因此，衍生金融工具的不断创新，对传统会计的历史成本计量基础造成了冲击。

3. 对会计报告的影响

由于对会计确认、会计计量产生了影响，衍生金融工具的不断创新无疑对会计信息的报告形成冲击，不能满足充分揭示原则和及时性原则的要求，当然也就不能真正实现相关性。

正因为衍生金融工具的不断创新给传统财务会计理论和实务带来了重大影响和冲击，近二十年以来，国际会计界一直致力于衍生金融工具会计的研究。

（三）衍生金融工具会计确认与计量的基本规范

衍生金融工具确认、计量的基本要求包含在相关会计准则对金融工具的确认、计量规范中。

1. 确认、计量的基本原则

企业成为金融工具合同的一方时，应当确认一项金融资产或金融负债。

金融资产、金融负债的计量规范见表5-1。

值得一提的是，衍生金融工具的计量属性主要是公允价值。

2. 与衍生金融工具相关的会计科目

企业可以设置“衍生工具”会计科目，用来核算企业衍生工具的公允价值及其变动形成的衍生资产或衍生负债。

“衍生工具”科目属于共同类科目，也就是说，本科目既用来核算企业取得的衍生资产，也用来核算企业形成的衍生负债。企业取得的衍生工具，按其公允价值借记本科目，发生的交易费用借记“投资收益”

表 5-1　　　　**金融资产、金融负债的计量规范**

类别	初始计量	后续计量
以公允价值计量且其变动计入当期损益的金融资产和金融负债	公允价值 （交易费用计入损益）	公允价值 （公允价值变动计入损益）
持有至到期投资	公允价值+交易费用	摊余成本（实际利率法）
贷款及应收款项	公允价值+交易费用	摊余成本（实际利率法）
可供出售金融资产	公允价值+交易费用	公允价值（公允价值变动计入权益）
其他金融负债	公允价值+交易费用	摊余成本（实际利率法）

科目，两者之和贷记“银行存款”等科目；资产负债表日，衍生工具的公允价值与账面价值的差额，记入“公允价值变动损益”科目；终止确认的衍生工具，比照“交易性金融资产”、“交易性金融负债”等科目的规定进行处理。本科目的期末余额，反映企业衍生工具形成的资产的公允价值（借方余额）或衍生工具形成的负债的公允价值（贷方余额）。

衍生工具在很多情况下被用于套期保值，为此，企业应设置“套期工具”科目，核算指定为套期工具的衍生工具和其他套期工具。当已确认的衍生工具等金融资产或金融负债被指定为套期工具时，应将其账面价值自“衍生工具”科目转入“套期工具”科目。“套期工具”科目的期末余额，反映企业套期工具形成的资产的公允价值（借方余额）或套期工具形成的负债的公允价值（贷方余额）。与之相对应，企业还应该根据套期会计需要，设置“被套期项目”科目。可见，“套期工具”、“被套期项目”两者也都属于共同类科目。套期损益可直接通过“套期损益”科目核算。

（四）套期关系的基本内容

1. 套期的基本含义

套期是指企业为规避外汇风险、利率风险、商品价格风险、股票价格风险、信用风险等，指定一项或一项以上套期工具，使套期工具的公允价值或现金流量变动预期抵销被套期项目的全部或部分公允价值或现金流量变动。

2. 套期关系及其指定

套期工具与被套期项目，是一项套期关系的两个组成要素。只有当企业特定的风险管理策略将这两个要素有机地连接起来，才构成一项套期关系。为了减少企业管理当局对套期关系认定进行职业判断时的失误和主观性，会计准则规定了认定套期关系的条件。这里的“套期工具”是相对于“被套期项目”而言的、用于规避被套期项目引起的风险的工具；这里的“被套期项目”则是因具有风险敞口而被指定为套期活动对象的已确认资产或负债、未确认确定性承诺及预期交易。

作为套期工具的基本条件是：其公允价值应当能够可靠地计量。指定套期工具的基本原则是：第一，衍生工具通常可以作为套期工具。例外情况是：无法有效地对冲被套期项目风险的衍生工具不能作为套期工具，如企业发行的期权就不能作为套期工具。第二，非衍生金融资产或非衍生金融负债通常不能作为套期工具。例外情况是：被套期风险为外汇风险时，某些非衍生金融资产或非衍生金融负债可以作为套期工具。第三，只有涉及报告主体以外的主体的工具（含符合条件的衍生工具或非衍生金融资产或非衍生金融负债）才能作为套期工具。

可作为被套期项目的项目有：（1）具有特定被套期风险的项目。（2）衍生工具不能作为被套期项目，但对于外购的、嵌在另一项金融工具（主合同）中的期权，如果其与主合同存在紧密关系，且混合工具没有被指定为以公允价值计量且其变动计入当期损益的金融工具，则可以作为被套期项目。（3）某些持有至到期投资可作为被套期项目。对于信用风险或外汇风险，企业可以将持有至到期投资作为被套期项目，而对于利率风险或提前还款风险，则不可以作为被套期项目。（4）在运用套期会计方法时，只有涉及报告主体以外的主体的资产、负债、未确认确定承诺或很可能发生的预期交易才能作为被套期项目。

3. 套期关系的种类

套期关系分为公允价值套期、现金流量套期和对国外实体的投资净额的套期三种。

公允价值套期是指对已确认的资产或负债、未确认的确定承诺的公允价值变动风险所作的套期。公允价值套期中包括外币公允价值套期。现金流量套期是指对已确认资产或负债、预期交易的现金流量变动风险所作的套期。现金流量套期中包括外币现金流量套期。对国外实体的投资净额的套期，是指对企业在国外实体净资产中享有的份额所面临的外汇风险进行的套期。

已确认的资产或负债承受的风险，多是公允价值变动风险，但也可能是现金流量变动风险；预期交易可能承受的风险是未来现金流量风险，而未确认的确定承诺可能承受的风险属于公允价值变动风险。以上三点有助于我们理解公允价值套期与现金流量套期的区别，但也向我们提出一个问题：虽然未确认的确定承诺承受的是公允价值变动风险，预期交易承受的是现金流量风险，但两者有一个共性：保值工具的未实现损益的发生先于被保值项目损益的发生。因此，对未确认的确定承诺的套期究竟应归属于公允价值套期还是现金流量套期，换句话说，对未确认的确定承诺进行套期时套期工具的未实现损益应该计入当期损益还是应该予以递延，是一个值得思考的问题。

4. 套期有效性

套期有效性是指套期工具的公允价值或现金流量变动可抵销归属于被套期风险的被套期项目公允价值或现金流量变动的程度。只有达到一定程度的有效性和在整个报告期内均有效的套期行为，才能认定套期关系成立，进而采用套期会计程序进行处理；对符合有效性标准的套期行为中套期无效部分的未实现损益，应按常规会计程序进行处理。

企业要对套期有效性进行评价；对判断有效的套期关系，还要经常进行有效性测试。

（五）套期会计的基本问题

1. 套期会计的含义

套期会计是一种特殊的会计处理方法，其核心是在同一会计期间对称地确认套期工具的利得（或损失）与被套期项目的损失（或利得），以实现套期保值效应。对于套期会计的理解，应把握以下三个要点：

（1）套期会计的特殊性——套期会计是一种针对“套期”的特殊会计；

（2）套期会计的综合性——套期会计同时涉及对套期工具和被套期项目的会计处理；

（3）套期会计的目的性——套期会计的目的在于对称地确认套期工具和被套期项目公允价值或现金流量变动形成的净利润（或亏损）产生的抵销影响。

2. 套期工具未实现损益的处理原则

套期工具未实现损益的确认与报告，是套期会计核算的关键。

（1）公允价值套期会计核算的具体要点包括：第一，期末应对被套期项目账面价值调整至公允价值，并将其公允价值变动导致的未实现利得或损失，计入当期损益；第二，将套期工具因公允价值变动产生的未实现利得或损失，也计入当期损益，以抵销被套期项目的损失或利得；第三，对于因套期无效而产生的套期工具的利得或损失与被套期项目的损失或利得之间的差异，也应当计入当期损益。

（2）现金流量套期会计核算的基本要点是：被确定为有效套期的套期工具的利得或损失应通过权益变动表在权益中确认，套期无效部分的利得或损失计入当期净损益（套期工具是衍生工具时）。如果被套期的确定承诺或预期交易导致资产负债的确认，则在确认资产负债时将已在权益中确认的相关利得或损失转出，计入该资产或负债的初始购置成本或其他账面金额；否则，将已在权益中确认的金额在被套期的确定承诺或预期交易影响净损益的一个或几个期间计入净损益。

（3）对境外经营净投资的套期的会计处理原则，与现金流量套期的会计处理原则相类似。

（六）期汇合约及金融期权在套期保值中的应用

1. 期汇合约的应用

期汇合约即远期外汇合约，是远期外汇交易中签订的按预定汇率购、售远期外汇的合约。期汇合约套期的会计处理要点是：

（1）签约时对期汇合约按公允价值作为套期工具进行初始确认；

（2）期末确认期汇合约的公允价值变动，根据套期关系的类别归属不同，将该公允价值变动计入当期损益或直接计入资本公积予以递延；

（3）对期汇合约的升水（或贴水）的确认；

（4）结算时对期汇合约进行终止确认。

2. 金融期权的应用

金融期权会计处理的关键问题有两个：一是期权费与期权合约价值的确定；二是期权合约公允价值变动损益的处理。

（1）关于期权费与期权合约价值。期权费的价值包括期权的内在价值和时间价值，期权的内在价值指期权标的物的现行市价与期权合约的执行价格之间的差额，期权合约未到期之前，期权费的价值中还包含表示获利可能性的时间价值。企业应将期权费作为期权合约的初始计量金额并确认衍生工具。

（2）关于期权合约损益。一般的期权应用中，期权到期前各期末，其公允价值变动损益是否需要进行确认，取决于期权合约形成金融资产、金融负债还是权益工具；对于期权合约形成的金融资产、金融负债，其公允价值变动损益要计入当期损益，权益工具的公允价值变动损益不予以确认。在套期活动中，期权合约作为套期工具的，其公允价值变动损益如何进行，即是将其计入当期损益还是直接计入权益，往往取决于套期活动的类别归属。

四、练习题

（一）单项选择题

1. 下列项目中不属于金融工具涉及的会计要素的是(　　)。

A. 金融资产　　　　B. 金融负债

C. 权益工具　　　　D. 合约价格

2. 下列项目中属于衍生金融工具的是（　　）。

A. 现金　　　　B. 应收账款

C. 期汇合约　　　　D. 债券投资

3. 长宁股份有限公司于 2×13 年 11 月 1 日销售一批商品，售价为

100 000美元，购销合同订明购货方应于2×14 年 2 月 1 日支付货款。长宁公司于 2×13 年 11 月 1 日与外汇经纪银行签订一项按 90 天远期汇率向银行卖出 100 000 美元的远期外汇合约，以避免这笔应收账款可能发生的外汇变动风险。长宁公司以人民币作为记账本位币。有关汇率为：2×13年 11 月 1 日即期汇率 \$1 = ¥6.82、2×14 年 11 月 1 日 90 天远期汇率 \$1 = ¥6.80、2×13 年 12 月 31 日即期汇率 \$1 = ¥6.89、2×14 年 2 月 1 日即期汇率 \$1 = ¥6.88。长宁公司“应付美元期汇合约款”账户 2×13 年 11 月 1 日的入账金额和 12 月 31 日的余额分别为(　　)。

A. 688 000 元、688 000 元　B. 689 000 元、680 000 元

C. 682 000 元、689 000 元　D. 680 000 元、682 000 元

4. 东营股份有限公司于 2×13 年 12 月 1 日购进一批商品，价款为 100 000 美元，购销合同订明购货方应于 2×14 年 3 月 1 日支付货款。东营公司于 2×13 年 12 月 1 日与外汇经纪银行签订一项按 90 天远期汇率向银行买入 100 000 美元的远期外汇合约，以避免这笔应收账款可能带来的外汇变动风险。东营公司以人民币作为记账本位币。有关汇率为：2×13年 12 月 1 日即期汇率 \$1 = ¥6.86、2×13 年 12 月 1 日 90 天远期汇率 \$1 = ¥6.84、2×13 年 12 月 31 日即期汇率 \$1 = ¥6.89、2×14 年 3 月 1 日即期汇率 \$1 = ¥6.92。该项业务对东营公司 2×13 年 12 月份税前利润的影响额为(　　)元。

A. 3 000　B. 2 000

C. 1 000　D. 4 000

5. 北电股份有限公司于 2×13 年 12 月 1 日购进一批商品，价款为 100 000 美元，购销合同订明购货方应于 2×14 年 3 月 1 日支付货款。北电股份有限公司于 2×13 年 12 月 1 日与外汇经纪银行签订一项按 90 天远期汇率向银行买入 100 000 美元的远期外汇合约，以避免这笔应收账款可能带来的外汇变动风险。北电公司以人民币作为记账本位币。有关汇率为：2×13 年 12 月 1 日即期汇率 \$1 = ¥6.86、2×13 年 12 月 1 日 90 天远期汇率 \$1 = ¥6.84、2×13 年 12 月 31 日即期汇率 \$1 = ¥6.89、2×14 年 3 月 1 日即期汇率 \$1 = ¥6.92。在不考虑其他因素的情况下，该项业务对北电公司 2×13 年 12 月 1 日至 2×14 年 3 月 1 日税前利润的影响额为(　　)元。

A. 2 000　　　　　　　　　B. 3 000

C. 1 000　　　　　　　　　D. 4 000

6. 云海商贸股份有限公司于2×13年12月1日销售一批商品，售价为100 000美元、销售成本为人民币606 000元，购销合同订明购货方应于2×14年3月1日支付货款。云海商贸于2×13年12月1日与外汇经纪银行签订一项按90天远期汇率向银行卖出100 000美元的远期外汇合约，以避免这笔应收账款可能带来的外汇变动风险。长宁公司以人民币作为记账本位币。有关汇率为：2×13年12月1日即期汇率＄1＝￥6.86、2×13年12月1日90天远期汇率＄1＝￥6.84、2×13年12月31日即期汇率＄1＝￥6.89、2×14年3月1日即期汇率＄1＝￥6.92。如果不考虑相关税费，该项业务对云海商贸公司2×13年12月税前利润的影响额为(　　)元。

A. 80 000　　　　　　　　B. 79 000

C. 78 000　　　　　　　　D. 77 000

7. 兴发谷物开发公司2×14年4月1日与一客户签订一项在2×14年8月1日交货的销货合同，合同规定货款以美元结算，金额为100 000美元。兴发公司于2×14年4月1日与外汇经纪银行签订一项按120天远期汇率卖出100 000美元的远期外汇合约，以避免履行商品购销承诺时可能承受的外汇变动风险。有关汇率为：2×14年4月1日即期汇率＄1＝￥6.84、2×14年4月1日120天远期汇率＄1＝￥6.81、2×14年6月30日即期汇率＄1＝￥6.86、2×14年8月1日即期汇率＄1＝￥6.88。2×14年8月1日兴发公司与购货方履行购销合同并收取货款，同时与签约银行履行期汇合约。该项销货业务对兴发公司2×14年第二季度税前利润的影响额为(　　)元。

A. 0　　　　　　　　　　B. −3 000

C. −2 000　　　　　　　　D. −5 000

8. 下列合同不属于金融工具的是(　　)。

A. 经营租赁　　　　　　　B. 融资租赁

C. 利率互换　　　　　　　D. 发行股票

9. 下列各方法中，不属于常见的套期有效性评价方法的是(　　)。

A. 主要条款比较法　　　　B. 加权平均法

C. 回归分析法　　　　D. 比率分析法

10. 在取得某项金融资产时发生的交易费用计入该资产的初始计量价值，该金融资产不会是(　　)。

A. 交易性金融资产　　　　B. 持有至到期投资

C. 贷款和应收款项　　　　D. 可供出售金融资产

(二) 多项选择题

1. 根据企业会计准则，衍生金融工具作为金融工具或合约，应同时具备三个特征，这三个特征是(　　)。

A. 该合约不要求初始净投资，或所要求的初始净投资相对于对预期市场条件具有类似反应的其他类型的合约要少

B. 该合约价值随特定基础变量的变动而变动

C. 该合约不一定在形成一个企业金融资产的同时形成另一个企业金融负债

D. 该合约要求在未来结算

E. 该合约不一定涉及金融资产

2. 下列项目中不属于衍生金融工具的是(　　)。

A. 银行存款　　　　B. 应收票据

C. 应付票据　　　　D. 债权证券

E. 期权合约

3. 衍生金融工具按其据以衍生的基本金融工具及应用领域的不同，划分为若干类别，主要包括(　　)等。

A. 股票衍生工具　　　　B. 外汇衍生工具

C. 利率衍生工具　　　　D. 期权合约

E. 互换合约

4. 下列各项目中属于风险和收益对称的衍生金融工具的有(　　)。

A. 远期外汇合约　　　　B. 股票期货

C. 股票期权　　　　D. 认股权证

E. 利率互换

5. 下列关于衍生金融工具的说法中正确的有(　　)。

A. 拓宽了金融机构的业务

B. 促进了金融市场的证券化

C. 是以基本金融工具为标的或交易对象的

D. 一般来说衍生金融工具就是远期金融合约

E. 企业利用衍生金融工具就是为了进行套期保值

6. 南海股份有限公司于2×13年12月1日销售一批商品，售价为100 000美元，购销合同订明购货方应于2×14年3月1日支付货款。南海公司于2×13年12月1日与外汇经纪银行签订一项按90天远期汇率向银行卖出100 000美元的远期外汇合约，以避免这笔应收账款可能承受的外汇变动风险，该公司以人民币作为记账本位币。有关汇率为：2×13年12月1日即期汇率＄1=￥6.86、2×13年12月1日90天远期汇率＄1=￥6.84、2×13年12月31日即期汇率＄1=￥6.89、2×14年3月1日即期汇率＄1=￥6.92。下列说法中正确的有（　　）。

A. 南海公司与外汇经纪银行签订的期汇合约是保值工具

B. 南海公司2×13年12月1日确认的应收美元账款是被保值项目

C. 南海公司2×13年12月1日确认的应收美元账款的入账金额为686 000元

D. 南海公司2×13年12月1日确认的应付美元期汇合约款的入账金额为684 000元

E. 南海公司2×13年12月31日确认的期汇合约的外币折算损失为3 000元、应收美元账款的汇兑收益也为3 000元

7. 根据现行会计准则，下列各项风险可以被指定为被套期风险的有（　　）。

A. 外汇风险　　B. 利率风险

C. 信用风险　　D. 股票价格风险

E. 固定资产毁损风险

8. 关于套期工具的指定的下列说法中，正确的有（　　）。

A. 衍生工具通常可以作为套期工具

B. 衍生工具全部可以作为套期工具

C. 非衍生工具绝不可以作为套期工具

D. 非衍生工具有时可以作为套期工具

E. 作为套期工具的基本条件是其公允价值能够可靠计量

9. 企业对未确认的确定性承诺进行套期时，下列说法中正确的

有（　　）。

A. 只能将其作为公允价值套期

B. 只能将其作为现金流量套期

C. 一般情况下将其作为公允价值套期

D. 某些情况下有可能作为现金流量套期

E. 某些情况下还可将其作为境外经营净投资套期

10. 下列会计科目中，与套期活动直接相关的有（　　）。

A. 套期工具　　B. 套期损益

C. 资本公积　　D. 被套期项目

E. 资产减值损失

11. 下列项目不可以作为公允价值套期中的被套期项目的有（　　）。

A. 采用权益法核算的股权投资

B. 母公司对子公司的投资

C. 对境外经营净投资

D. 持有至到期投资的利率风险

E. 企业合并交易中与购买另一个企业的确定承诺相关的风险

（三）判断题

1. 衍生金融工具的层出不穷对传统财务会计理论与实务产生了重大的影响和冲击，但是经过近些年来国际会计界的努力，关于衍生金融工具的会计确认、计量和报告的问题已经得到圆满解决。（　　）

2. 衍生金融工具对传统会计计量的冲击主要表现在对历史成本计量属性的挑战。（　　）

3. 企业利用衍生金融工具对以外币结算的应收账款进行套期，就是为了消除汇率变动可能给企业带来的风险。（　　）

4. 在套期会计中，对预期交易的套期保值应采用现金流量套期会计处理程序，对确定承诺的套期保值是采用公允价值套期会计还是采用现金流量套期会计处理，可能有不同的观点。但是有一点是可以肯定的，那就是：预期交易和确定承诺都尚未确认。（　　）

5. 企业签出的期权可以作为套期工具。（　　）

6. 企业用期汇合约对已购进资产进行套期保值，因规避了风险从

而一定会增加企业的净收益。 (　　)

7. 中鲁粮油加工总公司预计 2×14 年下半年大约需要进口 300 吨大豆，现已有库存 100 吨，估计尚需购买 200 吨。如果该公司采用期汇合约等金融工具对已有库存 100 吨原材料进行套期保值，属于公允价值套期；如果对将要购进的原材料 200 吨进行套期保值，则应属于现金流量套期。 (　　)

8. 外汇期货合约既可服务于套期保值目的，也可以用于投机。 (　　)

9. 期货合同和在交易所交易的签出期权，要求有保证金账户。这种保证金属于初始净投资的一部分。 (　　)

10. 对衍生金融工具的后续计量，主要采用公允价值，但也不排除历史成本等计量属性的应用。 (　　)

（四）计算与账务处理题

1. 对衍生金融工具定义的理解

甲公司 2×14 年分别与 A、B、C、D 四家公司签订的相关合同如下[①]：

（1）甲公司与 A 公司签订了一项按 1 亿元名义本金确定的利率互换合同，该合同要求甲公司按 8% 的固定利率向 A 公司支付利息，A 公司按 3 个月期的伦敦银行同业拆借利率（按季调整）的变动金额向甲公司支付利息，双方并不交换名义本金。

（2）甲公司与 B 公司签订了一项远期合约，约定 1 年后按每股 55 元的价格购入现行市价为每股 50 元的 T 股票 100 万股，甲公司在合同开始时按约定预付 5 000 万元。

（3）甲公司向 C 公司发放了一笔 5 年期的固定利率贷款，同时 C 公司向甲公司发放了一笔本金数额相同、期限相同的变动利率贷款，双方签订按净额结算的协议，在贷款开始时互不转让本金。

（4）甲公司的记账本位币是美元，在法国出售以欧元标价的商品。甲与 D 银行达成一项合同：按固定汇率将欧元换成美元，甲公司根据

① 本章部分练习题资料参考了国际会计准则委员会《国际会计准则第 39 号——金融工具：确认和计量》提供的应用指南。

其在法国的商品销量划拨欧元给 D 银行，并按 6.00 的固定汇率兑换美元。

要求：

根据上述资料，判断各项合同是否属于衍生金融工具，并简要说明判断依据。

2. 嵌入衍生金融工具的会计处理

某企业在第 1 年年初按每份面值 1 000 元发行了 2 000 份可转换债券，期限 3 年，年名义利率 6%，每年末支付利息；每份债券可在到期前的任何时间转换为 250 股普通股。该债券发行时不具备转换选择权的类似债券的市场利率为 9%。

要求：

根据上述资料，计算确定有关金融负债和权益工具的公允价值，并进行初始确认的账务处理。

3. 套期会计的应用

（1）公允价值套期——对已确认的资产进行套期。

甲公司以人民币为记账本位币。甲公司于 2×13 年 11 月 3 日向一家美国进口商销售一批商品，售价为 20 000 美元，购销合同订明购货方应于 2×14 年 2 月 1 日支付货款。甲公司于 2×13 年 11 月 3 日与外汇经纪银行签订一项按 90 天远期汇率向银行卖出 20 000 美元的远期外汇合约，以避免这笔应收账款可能承受的外汇变动风险。增值税略。有关汇率如下：

2×13 年 11 月 3 日即期汇率：$1 = ¥7.30。

2×13 年 11 月 3 日 90 天远期汇率：$1 = ¥7.10。

2×13 年 12 月 31 日即期汇率：$1 = ¥7.20。

2×14 年 2 月 1 日即期汇率：$1 = ¥7.15。

要求：

进行甲公司的有关账务处理。

（2）公允价值套期——对已确认的负债进行套期。

乙公司以人民币为记账本位币。2×13 年 11 月 3 日乙公司从一家美国出口商那里进口一批商品，成本为 20 000 美元，购销合同订明购货方应于 2×14 年 2 月 1 日支付货款。乙公司于 2×13 年 11 月 3 日与外汇经纪银行签订一项按90天远期汇率向银行买入20 000美元的远期外汇合约，以避免这笔应付账款可能承受的外汇变动风险。增值税略。有关汇率资料同上题。

要求：

进行乙公司的有关账务处理。

（3）现金流量套期——对预期交易进行套期。

丁公司2×13年8月1日预期将在2×14年1月30日销售一批A商品10吨，根据目前的市场价格情况，预期销售价格为150 000元；而综合市场情况分析，未来销售价格有走低的风险。为了规避现金流量风险，丁公司于2×13年8月1日与某金融机构签订了一项衍生金融工具合同B，将其用于为此项预期销售进行套期保值。衍生金融工具B的标的资产与被套期的预期销售商品A的数量、质量、产地、销售地以及价格变动等要素均相同，衍生金融工具B的结算日也与商品A的预期销售日相同。签约当天，衍生工具B的公允价值为0；2×13年12月31日，衍生工具B的公允价值上涨了10 000元，10吨商品A的预期销售价格为140 000元；结算日，衍生工具B的公允价值又上涨了30 000元，10吨商品A的实际销售价格也比1个月以前的预期价格下降了30 000元。

假定：丁公司经分析，此项套期因关键条款相同而完全有效；不考虑衍生工具B的时间价值以及商品A的增值税因素等。

要求：

进行丁公司的有关账务处理。

第六章　股份支付会计

一、学习目的与要求

通过本章的学习，了解股份支付的含义、特征、分类及其作用，了解支付的环节、时点及可行权条件的种类，了解权益工具公允价值的确定，重点掌握两种不同结算方式的股份支付的确认与计量原则及其会计处理，掌握二者的异同点，同时熟悉准则对股份支付的披露要求，注重对股份支付相关特殊问题处理原则的理解。

二、预习要览

（一）关键概念

1. 股份支付	2. 权益工具
3. 授予日	4. 可行权日
5. 行权日	6. 可行权条件
7. 以现金结算的股份支付	8. 以权益结算的股份支付

（二）关键问题

1. 什么是股份支付？股份支付有哪些特征？

2. 典型的股份支付通常包括哪些环节？主要涉及哪些时点？

3. 股份支付有哪些类型？

4. 如何对以权益结算的股份支付进行确认与计量？

5. 如何对以现金结算的股份支付进行确认与计量？

6. 以权益结算的股份支付和以现金结算的股份支付在会计处理上有何异同？

7. 什么是可行权条件？有哪些类别？变更或修改时如何处理？

8. 企业以回购股份进行职工期权激励的会计处理方法是什么？

9. 股份支付信息披露要求有哪些？

三、本章重点与难点

本章的重点与难点主要包括：一是股份支付的若干环节，这是掌握股份支付的基础；二是股份支付可行权条件的理解。三是掌握两种结算方式下的股份支付确认、计量原则及会计处理的比较。

（一）股份支付的若干环节

股份支付，是"以股份为基础的支付"的简称，是指企业为获取职工和其他方提供服务而授予权益工具或者承担以权益工具为基础确定的负债的交易。

股份支付不是一个时点上的交易，而可能是很长一段时间的交易。从环节上来说，典型的股份支付通常涉及四个主要环节：授予环节、等待可行权环节、行权环节和出售环节，四个环节可参见图 6-1。在这些环节中，有些时点是比较重要的，包括授予日、等待期内的资产负债表日、可行权日、行权日、出售日、失效日。

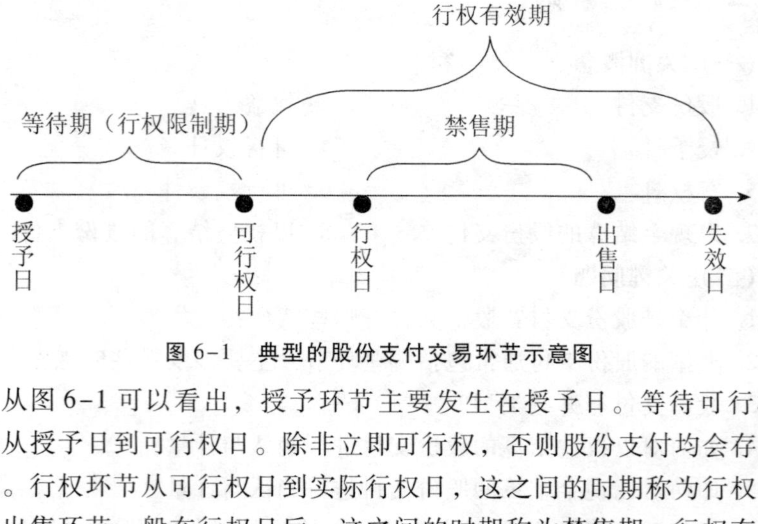

图 6-1　典型的股份支付交易环节示意图

从图 6-1 可以看出，授予环节主要发生在授予日。等待可行权环节是从授予日到可行权日。除非立即可行权，否则股份支付均会存在等待期。行权环节从可行权日到实际行权日，这之间的时期称为行权有效期。出售环节一般在行权日后，这之间的时期称为禁售期。行权有效期不是无限的，行权有效期的最后一天即为失效日。

（二）股份支付的可行权条件

可行权条件是指能够确定企业是否得到职工或其他方提供的服务，且该服务使职工或其他方具有获取股份支付协议规定的权益工具或现金权利的条件。可行权条件包括服务期限条件和业绩条件。

1. 服务期限条件

服务期限条件是指职工完成规定服务期间才可行权的条件。比如，在股份支付协议中规定，职工从2009年1月1日开始，连续在本企业工作满3年，即可享受一定数量的股票期权。

以服务期限为可行权条件的处理比较简单。在等待期内的每个资产负债表日，都要计算从授予日到该资产负债表日的期限，将其与可行权条件的期限进行比较，以便计算应确认的成本或费用金额。

2. 业绩条件

业绩条件是指企业达到特定业绩目标职工才可行权的条件，具体包括市场条件和非市场条件。

市场条件是指行权价格、可行权条件以及行权可能性与权益工具的市场价格相关的业绩条件，如股份支付协议中关于股价至少上升至何种水平职工可相应取得多少股份的规定。企业在确定权益工具在授予日的公允价值时，应考虑市场条件的影响，而不考虑非市场条件的影响。但市场条件是否得到满足，不影响企业对预计可行权情况的估计。

非市场条件是指除市场条件之外的其他业绩条件，如股份支付协议中关于达到最低盈利目标或销售目标才可行权的规定。企业在确定权益工具在授予日的公允价值时，不考虑非市场条件的影响。但非市场条件是否得到满足，影响企业对预计可行权情况的估计。对于可行权条件为业绩条件的股份支付，只要职工满足了其他所有非市场条件（如利润增长率、服务期限等），企业就应当确认已取得的服务。

（三）股份支付的确认与计量原则

1. 以权益结算的股份支付的确认与计量原则

（1）换取职工服务的股份支付的确认和计量原则

对于有等待期的换取职工服务的股份支付，企业应当以股份支付所授予的权益工具的公允价值计量。在等待期内的每个资产负债表日，企业应以对可行权权益工具数量的最佳估计数为基础，按照权益工具在授予日的公允价值，将当期取得的服务计入相关资产成本或当期费用，同时计入资本公积中的其他资本公积。

对于授予后立即可行权的换取职工服务的股份支付，应在授予日按照权益工具的公允价值，将取得的服务计入相关资产成本或当期费用，同时计入资本公积中的股本溢价。

（2）换取其他方服务的股份支付的确认与计量原则

对于换取其他方服务的股份支付，企业应当以股份支付所换取的服务的公允价值计量。企业应当按照其他方服务在取得日的公允价值，将取得的服务计入相关资产成本或当期费用。如果其他方服务的公允价值不能可靠计量，但权益工具的公允价值能够可靠计量的，企业应当按照权益工具在服务取得日的公允价值，将取得的服务计入相关资产成本或当期费用。

2. 以现金结算的股份支付的确认与计量原则

在实际行权或者结算之前，以现金结算的股份支付实质上是企业欠职工的一项负债。企业应当在等待期内的每个资产负债表日，以对可行权情况的最佳估计为基础，按照企业承担负债的公允价值，将当期取得的服务计入相关资产成本或当期费用，同时计入负债，并在结算前的每个资产负债表日和结算日对负债的公允价值重新计量，将其变动计入公允价值变动损益。

对于授予后立即可行权的现金结算的股份支付，企业应当在授予日按照企业承担负债的公允价值计入相关资产成本或当期费用，同时计入负债，并在结算前的每个资产负债表日和结算日对负债的公允价值重新计量，将其变动计入损益。

（四）两种结算方式股份支付的比较

1. 权益结算与现金结算股份支付的相同点

（1）支付媒介相同。不论是以权益结算的股份支付还是以现金结算的股份支付都要涉及权益工具，比如股份等。

（2）目的相同。这两种股份支付都是企业的激励手段，以获取职工或其他方服务为目的。

（3）计量属性相同。这两种股份支付都以公允价值计量，所不同的是，权益结算的股份支付以授予日公允价值计量，现金结算的股份支付以等待期内每一个资产负债表日的公允价值重新计量。

（4）都要满足一定的可行权条件。可行权条件包括服务期限条件和业绩条件。其中，业绩条件包括：市场条件和非市场条件。

（5）除授予后立即可行权的股份支付外，企业在授予日都不做会计处理。

（6）都要将取得的服务确认为相关的成本或费用（管理费用、销售费用等）。

2. 权益结算与现金结算股份支付的不同点

（1）属性不同。权益结算的股份支付需要确认资本公积—其他资本公积，给企业形成的是一项所有者权益；现金结算的股份支付形成的则是一项负债（应付职工薪酬）。

（2）企业承担的义务不同。以权益结算，企业要授予股份或认股权，不承担支付现金或其他资产的义务，经济利益未流出企业；以现金结算，企业最终要承担交付现金或其他资产义务，会导致经济利益流出企业。

（3）会计处理不同。以权益结算的股份支付：等待期内每个资产负债表日以对可行权权益工具数量的最佳估计为基础，按照权益工具授予日的公允价值，将当期取得的服务计入相关资产成本或当期费用，同时计入资本公积中的其他资本公积：

借：管理费用等

　贷：资本公积——其他资本公积

可行权日之后，不再对已确认的成本费用和所有者权益总额进行调整。行权日会计处理：

借：银行存款

　　资本公积——其他资本公积

　贷：股本

　　　资本公积——股本益价

现金结算的股份支付：等待期内按资产负债表日权益工具的公允价值重新计量，确认成本费用和相应的应付职工薪酬。会计分录为：

借：管理费用等

　贷：应付职工薪酬——股份支付

可行权日之后，不再确认成本费用，但负债（应付职工薪酬）公允价值的变动应计入当期损益（公允价值变动损益），会计分录为：

负债公允价值上升时：

借：公允价值变动损益

　贷：应付职工薪酬——股份支付

负债公允价值下跌时，做相反分录。

行权日会计处理：

借：应付职工薪酬——股份支付

　贷：银行存款

(4) 公允价值的确定不同。以权益结算的股份支付采用的是权益授予日的公允价值，其后不存在变动；而以现金结算的股份支付采用的是结算前每个资产负债表日的公允价值，其值处于变动状态，等待期内的变动额均计入费用科目，还必须确认公允价值变动损益，同时相应增减负债。

四、练习题

(一) 单项选择题

1. 股份支付授予日是指(　　)。

A. 股份支付协议获得批准的日期

B. 可行权条件得到满足的日期

C. 可行权条件得到满足，职工和其他方具有从企业取得权益工具或现金的权利的日期

D. 职工和其他方行使权利、获取现金或权益工具的日期

2. 股份支付行权日是指(　　)。

A. 可行权条件得到满足的日期

B. 股份支付协议获得批准的日期

C. 职工和其他方行使权利、获取现金或权益工具的日期

D. 可行权条件得到满足，职工和其他方具有从企业取得权益工具或现金的权利的日期

3. 按照规定，以股份支付形式获取职工服务的企业应当在等待期内的每个资产负债表日，将当期取得的服务计入相关的资产成本和当期费用（不考虑授予日即可行权的情况）。那么以权益结算和以现金结算的股份支付在此时的会计处理中贷方涉及的会计科目分别是(　　)。

A. “应付职工薪酬”、“应付职工薪酬”

B. “资本公积——其他资本公积”、“资本公积——其他资本公积”

C. “应付职工薪酬”、“资本公积——其他资本公积”

D. “资本公积——其他资本公积”、“应付职工薪酬”

4. 下列有关股份支付的说法中，不正确的是（　　）。

A. 股份支付是企业与职工或其他方之间发生的交易

B. 股份支付是以获取职工或其他方服务为目的的交易

C. 股份支付的对价或其定价与企业自身权益工具未来的价值密切相关

D. 股份支付是企业与关联企业之间发生的交易

5. 无论已授予的权益工具的条款如何变更，企业确认服务的金额不应（　　）权益工具在授予日的公允价值。

A. 高于　　B. 低于

C. 等于　　D. 不一定

6. 按照我国法规规定，用于期权激励的股份支付协议，应在行权日与出售日之间设立禁售期，其中国有控股上市公司的禁售期不得低于（　　）年。

A. 1　　B. 2

C. 3　　D. 4

7. 对于以现金结算的股份支付，应当按照企业承担的以股份或其他权益工具为基础计算确定的（　　）计量。

A. 负债的公允价值　　B. 负债的账面价值

C. 负债在授予日的公允价值　　D. 负债在行权日的公允价值

8. 根据企业会计准则规定，下列有关等待期表述不正确的是（　　）。

A. 等待期是指可行权条件得到满足的期间

B. 对于可行权条件为规定服务期间的股份支付，等待期为授予日至可行权日的期间

C. 对于可行权条件为规定服务期间的股份支付，等待期为授予日至行权日的期间

D. 对于可行权条件为规定业绩的股份支付，应当在授予日根据最可能的业绩结果预计等待期的长度

9. MM 公司为一上市公司，2×12 年 1 月 1 日，公司向其 200 名管理人员每人授予 200 股股票期权，这些职员自 2×12 年 1 月 1 日起在该公司连续服务 3 年，即可以每股 12 元的价格购买 200 股股票，从而获益，公司估计此期权在授予日的公允价值为 15 元。第一年有 40 名职员离开企业，预计离职总人数会达到 30%，则 2×12 年年末 MM 公司应当按照取得的服务贷记“资本公积——其他资本公积”（　　）元。

A. 112 000　　　　B. 140 000

C. 112 000　　　　D. 89 600

10. 续上题，2×13 年又有 20 名职员离开公司，公司估计职员总离职人数会达到 40%，则 2×13 年年末 MM 公司应按照取得的服务，贷记“资本公积——其他资本公积”（　　）元。

A. 100 000　　　　B. 52 000

C. 84 000　　　　D. 140 000

11. 续上题，2×14 年又有 30 名职员离开公司，则 2×14 年年末，MM 公司应贷记“资本公积——其他资本公积”（　　）元。

A. 72 000　　　　B. 80 000

C. 63 000　　　　D. 90 000

12. MM 上市公司 2×11 年 7 月 1 日向其 100 名高级管理人员每人授予 100 份认购权证，该认购权证将于 2×14 年年末期满时行权，行权时高级管理人员将以 5 元/股购入该公司股票，该公司股票在授予日的公允价值为 7 元，2×11 年和 2×12 年 12 月 31 日该股票公允价值均为 8 元，2×13 年 12 月 31 日该股票公允价值为 9 元，2×14 年 12 月 31 日该股票公允价值为 10 元，股票面值 1 元，假设预计有 20% 离职，MM 公司因该项股份支付计入 2×11 年管理费用的金额是（　　）元。

A. 16 000　　　　B. 5 000

C. 6 500　　　　D. 8 000

13. 2×09 年 1 月 1 日，MM 公司为其 50 名中层以上管理人员每人授予 500 份股票增值权，行权日为 2×12 年 12 月 31 日起根据股价的增长幅度获得现金，该增值权应在 2×14 年 12 月 31 日之前行使完毕。MM 公司授予日股票市价 6 元，截至 2×10 年累积确认负债 120 000 元，在 2×11年有 5 人离职，预计 2×12 年没有离职，2×11 年年末股票市价为

12 元，该项股份支付对 MM 公司 2×11 年当期管理费用的影响金额和 2×11年年末负债的累积金额是(　　)元。

A. 75 000，202 500　　B. 82 500，202 500

C. 75 000，125 000　　D. 22 050，225 000

(二) 多项选择题

1. 典型的股份支付通常涉及以下(　　)主要环节。

A. 授予环节　　B. 等待可行权环节

C. 行权环节　　D. 出售环节

E. 失效环节

2. 以现金结算的股份支付可以分为以下种类(　　)。

A. 限制性股票　　B. 股票期权

C. 模拟股票　　D. 现金股票增值权

E. 库存股

3. 对于以权益结算换取职工服务的股份支付，企业应当在等待期内每个资产负债表日，按授予日权益工具的公允价值，将当期取得的服务计入下列(　　)等相关费用科目。

A. 管理费用　　B. 制造费用

C. 生产成本　　D. 研发支出

E. 销售费用

4. 股份支付中通常涉及可行权条件，可行权条件包括(　　)。

A. 经济条件　　B. 服务期限条件

C. 业绩条件　　D. 行业环境条件

E. 企业前景条件

5. 可行权条件中的业绩条件包括市场条件和非市场条件，其中属于非市场条件的有(　　)。

A. 最低股价增长率　　B. 股东最低报酬率

C. 销售指标的实现情况　　D. 在公司服务满一定期限

E. 最低利润指标的实现

6. 关于股份支付的计量，下列说法正确的有(　　)。

A. 以现金结算的股份支付，应按资产负债表日权益工具的公允价值重新计量

B. 无论是以现金还是权益结算的股份支付，均应按资产负债表日权益工具的公允价值重新计量
C. 以现金结算的股份支付，应按授予日权益工具的公允价值计量，不确认其后续公允价值变动
D. 以权益结算的股份支付，应按授予日权益工具的公允价值计量，不确认其后续公允价值变动
E. 以权益结算的股份支付，应按资产负债表日权益工具的公允价值重新计量

7. 关于权益结算的股份支付的计量，下列说法正确的有(　　)。
A. 应按授予日权益工具的公允价值计量，不确认其后续公允价值变动
B. 对于换取职工服务的股份支付，企业应当按在等待期内的每个资产负债表日的公允价值计量
C. 对于授予后立即可行权的换取职工服务的股份支付，应在授予日按权益工具的公允价值计量
D. 对于换取职工服务的股份支付，企业应当按照权益工具在授予日的公允价值，将当期取得的服务计入相关资产成本或当期费用，同时计入资本公积中的其他资本公积
E. 对于换取其他方服务的股份支付，企业应当以股份支付所换取的服务的公允价值计量

8. 关于现金结算的股份支付，下列说法不正确的是(　　)。
A. 是指企业为获取服务交付现金的交易
B. 是指企业为获取服务交付现金或其他资产义务的交易
C. 是指企业为获取服务而承担的以股份或其他权益工具为基础计算确定的交付现金的交易，不包括其他资产义务的交易
D. 是指企业为获取服务而承担的以股份或其他权益工具为基础计算确定的交付现金或其他资产义务的交易
E. 以上选项均不正确

9. 对股份支付可行权日之后的会计处理不正确的有(　　)。
A. 对于权益结算的股份支付，在可行权日之后不再对已确认的成本费用和所有者权益总额进行调整

B. 对于权益结算的股份支付，企业应在行权日根据行权情况，确认股本和股本溢价，同时结转等待期内确认的资本公积（其他资本公积）

C. 对于权益结算的股份支付，如果全部或部分权益工具未被行权而失效或作废，应在行权有效期截止日将其资本公积（其他资本公积）冲减成本费用

D. 对于现金结算的股份支付，企业在可行权日之后不再确认成本费用增加，负债（应付职工薪酬）公允价值的变动应当计入当期公允价值变动损益

E. 对于现金结算的股份支付，企业在可行权日之后不再确认成本费用增加，负债（应付职工薪酬）公允价值的变动应当计入成本费用

10. 企业以回购股份形式奖励本企业职工的，属于权益结算的股份支付，其会计处理正确的有(　　)。

A. 企业回购股份时，应当按照回购股份的全部支出冲减股本

B. 企业回购股份时，应当按照回购股份的全部支出作为库存股处理，记入“库存股”科目，同时进行备查登记

C. 对于换取职工服务的以权益结算的股份支付，企业应当在等待期内每个资产负债表日按照权益工具在授予日的公允价值，将取得的职工服务计入成本费用，同时增加资本公积（其他资本公积）

D. 企业应按职工行权购买本企业股份时收到的价款，借记“银行存款”等科目，同时转销等待期内资本公积（其他资本公积）中累计的金额，借记“资本公积——其他资本公积”科目，按回购的库存股成本，贷记“库存股”科目，按照上述借贷方差额，贷记“资本公积——股本溢价”科目

E. 对于换取职工服务的以权益结算的股份支付，企业应当在等待期内每个资产负债表日按照公允价值，将取得的职工服务计入成本费用，同时增加应付职工薪酬

11. 下列关于市场条件和非市场条件的说法正确的有(　　)。

A. 企业在确定权益工具在授予日的公允价值时，应考虑市场条件

的影响，而不考虑非市场条件的影响

B. 企业在确定权益工具在授予日的公允价值时，应考虑非市场条件和市场条件的影响

C. 市场条件是否得到满足，不影响企业对预计可行权情况的估计

D. 非市场条件是否得到满足，不影响企业对预计可行权情况的估计

E. 对于可行权条件为业绩条件的股份支付，在确定权益工具的公允价值时，应考虑市场条件的影响，只要职工满足了其他所有非市场条件，企业就应当确认自己已取得的服务

12. 以下关于以权益结算的股份支付表述正确的是(　　)。

A. 就确认时点来看，换取职工服务的股份支付可以分为有等待期的股份支付和授予后立即可行权的股份支付

B. 除了立即可行权的股份支付外授予日不进行会计处理

C. 等待期内每个资产负债表日按照授予日权益工具的公允价值和预计行权数量计算或修正成本费用和资本公积

D. 等待期内每个资产负债表日不应确认权益工具的公允价值变动

E. 等待期内每个资产负债表日应确认权益工具的预计行权数量变动

13. 下列有关股份支付的论断中，正确的是(　　)。

A. 对于换取职工服务的股份支付，企业应当以股份支付所授予的权益工具的公允价值计量

B. 对于换取其他方服务的股份支付，企业应当以股份支付所换取的服务的账面价值计量

C. 对于现金结算的股份支付，企业应当在等待期内的每个资产负债表日，以对可行权情况的最佳估计为基础，按照企业承担负债的公允价值，将当期取得的服务计入相关资产成本或当期费用，同时计入负债，并在结算前的每个资产负债表日和结算日对负债的公允价值重新计量，将其变动计入损益

D. 对于授予后立即可行权的现金计算的股份支付（例如授予虚拟股票或业绩股票的股份支付），企业应当在授予日按照企业承担负债的公允价值计入相关资产成本或当期费用，同时计入负

债，并在结算前的每个资产负债表日和结算日对负债的公允价值重新计量，将其变动计入损益

E. 对于授予后立即可行权的换取职工提供服务的权益结算的股份支付（例如授予限制性股票的股份支付），应在授予日按照权益工具的公允价值，将取得的服务计入相关资产成本或当期费用，同时计入资本公积中的股本溢价

14. 下列有关股份支付业务在等待期内每个资产负债表日的会计处理论断中，正确的是(　　)。

A. 企业应当在等待期内的每个资产负债日，将取得职工或其他方提供的服务计入成本费用，同时确认所有者权益或负债。对于附有市场条件的股份支付，只要职工满足了其他所有非市场条件，企业就应当确认已取得的服务

B. 在等待期内，业绩条件为非市场条件的，如果后续信息表明需要调整对可行权情况的估计的，只需要对本期估计进行修改即可

C. 在等待期内每个资产负债表日，企业应将取得的职工提供的服务计入成本费用，计入成本费用的金额应当按照权益工具的公允价值计量

D. 对于权益结算的涉及职工的股份支付，应当按照授予日权益工具的公允价值计入成本费用和资本公积（其他资本公积），不确认其后续公允价值变动

E. 对于现金结算的涉及职工的股份支付，应当按照每个资产负债表日权益工具的公允价值重新计量，确定成本费用和应付职工薪酬

15. 以下表述正确的是(　　)。

A. 以库存股对股份支付结算时应注销该库存股并减少股本

B. 以库存股对股份支付结算时应转销交付职工的库存股

C. 对于权益结算的股份支付在可行权日之后不再对已确认的成本费用和所有者权益总额进行调整

D. 现金结算的股份支付在可行权日之后不再确认成本费用

E. 现金结算的股份支付在可行权日之后公允价值变动对负债的影

响计入公允价值变动损益

（三）判断题

1. 股份支付协议里涉及的可行权是指一次性可行权。（ ）

2. 无论是以现金还是权益结算的股份支付，在等待期内的每个资产负债表日都需要进行会计处理。（ ）

3. 以权益结算的股份支付，在等待期内的每个资产负债表日，企业应以对可行权权益工具数量的最佳估计为基础，按照权益工具在授予日的公允价值，将当期取得的服务计入相关资产成本或当期费用，同时计入资本公积中的其他资本公积。（ ）

4. 以权益结算的股份支付在授予日需要作会计处理。（ ）

5. 以现金结算的股份支付本质为应付职工薪酬。（ ）

6. 对于现金结算的股份支付，企业在可行权日之后不再确认成本或费用，但是由于赖以计算负债的权益工具公允价值发生变动引起的负债（应付职工薪酬）公允价值的变动应当进行确认，计入当期损益，即公允价值变动损益。（ ）

7. 业绩条件是指企业达到特定业绩目标职工才可行权的条件，具体包括市场条件和非市场条件。（ ）

8. 当期行权的股份期权或其他权益工具以其行权日价格计算加权平均价格。（ ）

9. 企业以回购股份形式奖励本企业职工的，可能是属于现金结算的股份支付。（ ）

10. 对于授予职工的股票期权，企业应当根据用于股份支付的期权的条款和条件，采用期权定价模型估计其公允价值。（ ）

（四）计算与账务处理题

1. MM 公司为一上市公司。2×12 年 1 月 1 日，公司向其 150 名管理人员每人授予 200 股股票期权，这些职员从 2×12 年 1 月 1 日起在该公司连续服务 3 年，即可以 10 元每股购买 200 股 MM 公司股票，从而获益。公司估计该期权在授予日的公允价值为 18 元。

第一年有 15 名职员离开 MM 公司，公司估计三年中离开的职员的比例将达到 20%；第二年又有 20 名职员离开公司，公司将估计的职员离开比例修正为 30%；第三年又有 10 名职员离开。假设全部 105 名职员都在2×14年12月31日行权，MM公司股份面值为1元。

要求：

（1）计算2×12—2×14年每年计入当期费用的金额及累计费用金额，填入表6-1。

表6-1 **费用计算表** 单位：元

年份	计算过程	当期费用	累计费用
2×12			
2×13			
2×14			

（2）编制2×12—2×14年与股份支付有关的会计分录。

2. 2×10年1月1日，MM公司为其100名中层以上职员每人授予300份现金股票增值权，并规定这些职员从2×10年1月1日起在该公司连续服务3年，即可按照当时股价的增长幅度获得现金，该增值权应在2×14年12月31日之前行使。MM公司估计，该增值权在负债结算之前的每一个资产负债表日以及结算日的公允价值和可行权后的每份增值权现金支出额见表6-2。

表6-2 **公允价值和现金支出表** 单位：元/股

年份	公允价值	支付现金
2×10	10	
2×11	15	
2×12	18	16
2×13	20	18
2×14		21

2×10年有20名管理人员离开MM公司，公司估计3年内还将有10名管理人员离开；2×11年有8名管理人员离开MM公司，公司估计还将有6名管理人员离开；2×12年有2名管理人员离开MM公司，假定

有 20 人行使股票增值权取得了现金；2×13 年有 30 人行使股票增值权取得了现金；2×14 年有 20 人行使股票增值权取得了现金。

要求：

根据所给资料，计算 2×10 年至 2×14 年每年应确认的负债和费用，并编制相关会计分录。

五、案例

2×11 年 1 月 1 日，MM 公司为其 100 名管理人员每人授予 100 份股票期权：第一年年末的可行权条件为公司净利润增长率达到 20%；第二年年末的可行权条件为公司净利润两年平均增长 15%；第三年年末的可行权条件为公司净利润三年平均增长 10%。每份期权在 2×11 年的公允价值为 24 元。假设这些职工从 2×11 年 1 月 1 日开始在该公司连续服务三年且达到 MM 公司的要求，就可以以 5 元每股购买 100 股 MM 公司的股票，从而获益。

2×11 年 12 月 31 日，权益净利润增长了 18%，同时有 8 名管理人员离开公司，公司预计 2×12 年将会以同样的速度增长，因此预计将于 2×12 年 12 月 31 日可行权。另外，公司预计 2×12 年 12 月 31 日又将有 8 名管理人员离开。

2×12 年 12 月 31 日，公司净利润仅仅增长 10%，因此无法达到可行权状态。另外，实际有 10 名管理人员离开公司，预计第三年将有 12 名管理人员离开。

2×13 年 12 月 31 日，公司净利润增长了 8%，三年平均增长率为 12%，因此达到了可行权状态。当年有 8 名管理人员离开了。

要求：

（1）指出管理人员的可行权条件；

（2）计算公司各资产负债表日应计入费用的金额；

（3）编制公司 2×11 年至 2×13 年各年的会计分录；

（4）假定 74 名管理人员在 2×14 年 12 月 31 日行权，公司股份的面值为每股 1 元，编制行权时的会计分录。

案例提示

（1）管理人员的行权条件为业绩条件中的非市场条件。

（2）计入管理费用的金额计算见表6-3。

表6-3　　**管理费用计算表**　　单位：元

年份	当期费用计算	当期费用	累计费用
2×11	（100-8-8）×100×24×1÷2	100 800	100 800
2×12	（100-8-10-12）×100×24×2÷3-100 800	11 200	112 000
2×13	（100-8-10-8）×100×24-112 000	65 600	177 600

（3）2×11 年 1 月 1 日是授予日，不作处理。

①2×11 年 12 月 31 日。

借：管理费用　　100 800

　贷：资本公积——其他资本公积　　100 800

②2×12 年 12 月 31 日。

借：管理费用　　11 200

　贷：资本公积——其他资本公积　　11 200

③2×13 年 12 月 31 日。

借：管理费用　　65 600

　贷：资本公积——其他资本公积　　65 600

（4）2×14 年 12 月 31 日。

借：银行存款　　37 000

　　资本公积——其他资本公积　　177 600

　贷：股本　　7 400

　　　资本公积——股本溢价　　207 200

第七章　中期财务报告

一、学习目的与要求

通过本章的学习，了解中期财务报告的概念及中期财务报告的构成，明确中期财务报告的编制应遵循的原则。

二、预习要览

（一）关键概念

1. 中期　　2. 中期财务报告

（二）关键问题

1. 什么是中期财务报告？
2. 中期财务报告至少应包括哪些部分？
3. 中期财务报告编制应遵循什么原则？
4. 比较财务报表有哪些编制要求？
5. 中期财务报告的确认和计量应遵循什么基本原则？
6. 季节性、周期性或者偶然性取得收入应如何确认和计量？
7. 会计年度中不均匀发生的费用应该如何确认和计量？
8. 中期会计政策变更应如何处理？
9. 中期财务报告附注有哪些编制要求？

三、本章重点与难点

☐ 中期财务报告的编制应遵循的原则
☐ 比较财务报表的编制要求
☐ 中期会计政策变更的处理
☐ 中期财务报告附注的披露原则

（一）中期财务报告的编制应遵循的原则

（1）一致性原则。企业在编制中期财务报告时，应当将中期视同为一个独立的会计期间，所采用的会计政策应当与年度财务报表所采用的会计政策一致，且在编制中期财务报告时不得随意变更会计政策。

（2）重要性原则。企业在编制中期财务报告时，必须坚持重要性原则。重要性原则是指企业对于某项重要的会计信息，必须在中期财务报告中予以报告，否则就会影响或误导投资者等会计信息使用者对这段期间企业财务状况、经营成果和现金流量情况的正确判断。企业在遵循重要性原则时应注意以下几点：

①重要性程度的判断应当以中期财务数据为基础，而不得以预计的年度财务数据为基础。这里所指的“中期财务数据”，既包括本中期的财务数据，也包括年初至本中期末的财务数据。

②重要性原则要求企业在中期财务报告中应当提供与理解企业本中期末财务状况、中期经营成果和中期现金流量相关的所有信息。企业在运用重要性原则时，应当避免在中期财务报告中由于不确认、不披露或者忽略某些信息而对信息使用者决策产生误导。

③重要性程度的确定需要具体情况具体分析和一定的职业判断。通常，在判断某一项目的重要性程度时，应当将该项目的金额和性质结合在一起予以考虑，而且在判断项目金额重要性时，应当以资产、负债、净资产、营业收入、净利润等直接相关项目数字作为比较基础，并综合考虑其他相关因素。在一些特殊的情况下，单独依据项目的金额或者性质就可以判断其重要性，例如，企业发生会计政策变更，该变更事项对当期期末财务状况或者当期损益的影响可能比较小，但对以后期间财务状况或者损益的影响却比较大，因此会计政策变更从性质上属于重要事项，应当在中期财务报告中予以披露。

（3）及时性原则。企业编制中期财务报告的目的就是为了向会计信息使用者提供比年度财务报告更加及时的会计信息，以提高会计信息的决策有用性。中期财务报告所涵盖的会计期间短于一个会计年度，所以，提供的会计信息更加具有及时性。为了在中期及时提供相关的财务信息，企业在会计计量上应该使用更多的会计估计手段。例如，企业通常会在会计年度末对存货进行全面、详细的实地盘点，因此，对年末存货可以达到较为精确的计价，但是在中期末，由于时间上的限制和成本方面的考虑，不大可能对存货进行全面、详细的实地盘点，在这种情况下，对于中期末存货的计价就可以在更大程度上依赖于会计估计。

就会计原则而言，一致性、重要性和及时性是编制中期财务报告时必须遵守的几条重要原则，但其他一些会计原则，如可比性原则、谨慎性原则、实质重于形式原则等，在编制中期财务报告时也应当予以遵循。

（二）比较财务报表的编制要求

为了提高财务报告信息的可比性、相关性和有用性，中期财务报告准则规定，企业在中期财务报告中提供的中期财务报表必须是比较中期财务报表。比较中期财务报表要求企业在中期财务报告中，除了提供本中期末资产负债表、本中期利润表和中期末现金流量表外，还要提供上年度及相关中期的财务报表。比较中期财务报表主要包括以下报表：

（1）本中期末的资产负债表和上年度末的资产负债表。

（2）本中期的利润表、年初至本中期末的利润表以及上年度可比期间的利润表。上年度可比期间的利润表包括上年度可比中期的利润表和上年度年初至上年可比中期末的利润表。

（3）年初至本中期末的现金流量表和上年度年初至上年可比中期末的现金流量表。

企业在编制比较中期财务报表时，应注意以下几个方面：

（1）如果企业在中期因会计准则的变化而对财务报表项目进行了重新分类或其他调整，则上年度比较财务报表相关项目及金额也应该相应调整，以确保其与本年度中期财务报表的可比性。同时，企业还应当在附注中说明财务报表项目重新分类的原因及内容。如果企业因原始数据收集、整理或者记录等方面的原因，无法对比较财务报表中的有关项目及金额进行调整，应当在附注中说明原因。

（2）如果企业在本中期会计政策发生了变更，而且该变更对本会计年度以前中期财务报表净损益和其他相关项目数字的累积影响数能够合理确定，则应当进行追溯调整。如果对比较财务报表可比期间以前的会计政策变更的累积影响数也能够合理确定，也应按规定调整比较财务报表最早期间的期初留存收益和其他相关项目。同时，还应在财务报表附注中说明会计政策变更的性质、内容、原因及其影响数；无法追溯调整的，应当说明原因。

（3）对于在本年度中期内发生的以前年度损益调整事项，企业应当同时调整本年度财务报表相关项目的年初数，同时，比较财务报表中的相关项目及金额亦应作相应调整。

（三）中期会计政策变更的处理

对于中期财务报告会计政策的变更，企业应注意以下两点：

（1）中期财务报告准则不允许各中期随意变更会计政策，企业中期会计政策的变更应当符合《企业会计准则第28号——会计政策、会计估计变更和差错更正》规定的条件，只有在满足下列条件之一时，才能在中期进行会计政策变更：

①法律行政法规或者国家统一的会计制度等要求变更；

②会计政策变更能够提供更可靠、更相关的会计信息。

（2）企业在中期进行会计政策变更时，应当确保该项会计政策将在年度财务报告中采用。

（四）中期财务报告附注的披露原则

中期财务报告附注是对中期资产负债表、利润表、现金流量表等报表中项目的文字描述或明细阐述以及对未能在这些报表中列示项目的说明等，其目的是使中期财务报告信息对会计信息使用者的决策更加有用。中期财务报告附注的披露应该坚持以下原则：

1. 以年初至本中期末会计信息为基础的披露原则

编制中期财务报告的目的是为了向报告使用者提供自上年度资产负债表之后所发生的重要交易或者事项，因此，中期财务报告附注应当以“年初至本中期末”为基础进行披露，而不应当仅披露本中期所发生的重要交易或者事项。

2. 披露重要交易或事项的原则

为了全面反映企业财务状况、经营成果和现金流量，中期财务报告附注应当对自上年度资产负债表日以后发生的，有助于理解企业财务状况、经营成果和现金流量变化情况的重要交易或者事项以年初至本中期末会计信息为基础进行披露，但同时，对于理解本中期财务状况、经营成果和现金流量有关的重要交易或者事项，也必须在附注中予以披露。

企业在披露中期财务报告附注信息时，应注意以下两点：

第一，凡涉及有关数据的，应当同时提供本中期（或者本中期末）和本年度初至本中期末的数据，以及上年度可比中期（或者可比期末）和可比年初至可比中期末的比较数据。

第二，在同一会计年度内，如果以前中期财务报告中的某项估计金额在最后一个中期发生了重大变更，而且企业又不单独编制该最后中期的财务报告的，企业应当在年度财务报告的附注中披露该项会计估计变更的内容、原因及其影响金额。例如，某公司需要编制季度财务报告，但不需单独编制第四季度财务报告。假设该公司在第四季度里，对第一、二或者第三季度财务报表中所采用的会计估计，如固定资产折旧年限、资产减值、预计负债等估计作了重大变更，则需要在其年度财务报告附注中，按照《企业会计准则第 28 号——会计政策、会计估计变更和差错更正》的规定，披露该项会计估计变更的内容、原因及其影响金额。同样地，假如一家公司是需要编制半年度财务报告的企业，但不单独编制下半年财务报告，如果该公司对于上半年财务报告中所采用的会计估计在下半年作了重大变更，应当在其年度财务报告的附注中予以说明。

四、练习题

（一）单项选择题

1. 中期财务会计报告中的“中期”，是指(　　)。

A. 短于一个月　　B. 短于一个会计年度

C. 短于半年　　D. 短于一个季度

2. 中期财务报告不应当包括的内容是(　　)。

A. 资产负债表　　B. 利润表

C. 现金流量表　　D. 所有者权益变动表

3. 中期财务报告中，(　　)可以适当简化，但应当遵循重要性原则。

A. 利润表　　B. 资产负债表

C. 现金流量表　　D. 财务报表附注

4. 某股份有限公司是一家需要编制季度财务会计报告的上市公司。

下列会计报表中，不需要该公司在其 2×14 年第三季度财务会计报告中披露的是(　　)。

A. 2×13 年年末资产负债表

B. 2×13 年第三季度利润表

C. 2×13 年年初至第三季度末利润表

D. 2×13 年第三季度现金流量表

5. 下列有关中期财务报告的表述中，符合现行会计准则规定的是(　　)。

A. 中期会计报表的附注应当以本中期期间为基础编制

B. 中期会计计量应当以年初至本中期末为基础进行

C. 编制中期会计报表时应当以年度数据为基础进行重要性判断

D. 对于年度中不均匀发生的费用，在中期会计报表中应当采用预提或待摊的方法处理

6. 对于应当编制合并会计报表的上市公司，其中期财务报告应当(　　)。

A. 提供合并会计报表

B. 母公司会计报表

C. 同时提供合并会计报表和母公司会计报表

D. 提供合并会计报表或母公司会计报表

7. 上市公司 2×14 年第三季度现金流量表反映的现金流量是(　　)。

A. 7—9 月的现金流量　　B. 1—6 月的现金流量

C. 1—9 月的现金流量　　D. 上年 7—9 月的现金流量

8. 甲公司为一家需要编制季度财务报告的企业，但无须单独披露第四季度财务报告，假设企业在第四季度对固定资产折旧年限的估计作了重大变更，则应当在其(　　)中披露变更的内容、理由及其影响金额。

A. 年度会计报表附注　　B. 年度财务情况说明书

C. 第三季度会计报表附注　　D. 中期会计报表附注

9. 企业在判断重要性程度时，应当采用的比较基础是(　　)。

A. 预计的年度财务数据　　B. 中期财务数据

C. 预计的中期财务数据　　D. 上年度的年度财务数据

10. 下列事项中，中期会计报表附注中可以不包括的内容是(　　)。

A. 存在共同控制关系的关联企业发生变化的情况

B. 向所有者分配的每股股利

C. 存在重大影响关系的长期股权投资的购买

D. 债务性证券的发行情况

11. 甲公司为上市公司需要对外提供季度报告，对外提供的2×14年第二季度的利润表中，不应当包括的数据是(　　)。

A. 2×14 年 4 月 1 日至 4 月 30 日　　B. 2×14 年 4 月 1 日至 6 月 30 日

C. 2×14 年 1 月 1 日至 6 月 30 日　　D. 2×13 年 1 月 1 日至 6 月 30 日

(二) 多项选择题

1. 中期财务报告至少应当编制的报表包括(　　)。

A. 资产负债表　　B. 利润表

C. 现金流量表　　D. 所有者权益变动表

E. 财务报表附注

2. 在中期财务报告中，企业应当提供的比较会计报表包括(　　)。

A. 本中期末的资产负债表和上年度末的资产负债表

B. 本中期的利润表

C. 年初至本中期末的利润表以及上年度可比期间的利润表

D. 年初至本中期末的现金流量表和上年度年初至可比中期末的现金流量表

E. 本中期的现金流量表

3. 中期会计报表的编制原则包括(　　)。

A. 中期财务报告中各会计要素的确认与计量标准应当与年度财务报告所采用的原则相一致

B. 企业财务报告的频率不应当影响其年度结果的计量

C. 对于季度性取得的收入应当在中期会计报表中预计或者递延

D. 对于周期性取得的收入，企业应当在发生时予以确认和计量，不应当在中期报表中预计或递延

E. 递延会计年度中不均匀发生的费用，应当在中期会计报表中预

提或待摊

4. 下列有关中期财务报告的表述中，符合现行会计准则规定的有（　　）。

A. 中期会计报表应当采用与年度会计报表相一致的会计政策

B. 中期会计报表附注应当以会计年度年初至本中期末为基础编制

C. 中期会计报表项目重要性程度的判断应当以预计的年度财务数据为基础

D. 对于会计年度内不均匀取得的收入，在中期会计报表中不能采用预计方法处理

E. 对于会计年度内不均匀取得的费用，在中期会计报表中不能采用预提方法处理

5. 下列关于上市公司中期报告的表述中，正确的有（　　）。

A. 中期会计计量应以年初至本中期末为基础

B. 中期报告中应同时提供合并报表和母公司报表

C. 中期报表仅是年度报表项目的节选，不是完整的报表

D. 对中期报表项目进行重要性判断应以预计的年度数据为基础

E. 中期报表中各会计要素的确认与计量标准应当与年度报表相一致

6. 我国上市公司编制的半年度资产负债表中的日期为（　　）。

A. 本会计年度前 6 个月的最后一天

B. 上个会计年度的最后一天

C. 本会计年度前 3 个月的最后一天

D. 上个会计年度前 6 个月的最后一天

E. 上个会计年度前 3 个月的最后一天

7. 我国上市公司半年度中期的利润及利润分配表的报告期间为（　　）。

A. 本会计年度前 6 个月　　B. 上个会计年度前 3 个月

C. 本会计年度前 3 个月　　D. 上个会计年度前 6 个月

E. 上年全年度

8. 按有关规定，半年度中期会计报表附注中应当披露的内容有（　　）。

A. 债务性证券的偿还

B. 会计估计变更情况

C. 存在控制关系的关联方关系的变化

D. 一般或有事项

E. 重大会计差错更正情况

9. 会计政策变更发生在会计年度内第一季度以外的其他季度，除按规定作相应处理外，在会计报表附注的披露方面，企业需要披露(　　)。

A. 会计政策变更对以前年度的累积影响数

B. 会计政策变更对当年度变更季度损益的影响数

C. 会计政策变更对当年年初至变更季度末损益的影响数

D. 会计政策变更对当年度会计政策变更前各季度损益的影响数

E. 会计政策变更对比较会计报表相关项目的调整数

10. 2×14 年第二季度财务报告应当提供的财务报表包括(　　)。

A. 2×14 年 6 月 30 日和 2×13 年 12 月 31 日的资产负债表

B. 2×14 年 1 月 1 日至 6 月 30 日和 2×13 年 1 月 1 日至 6 月 30 日的利润表

C. 2×14 年 4 月 1 日至 6 月 30 日和 2×13 年 4 月 1 日至 6 月 30 日的利润表

D. 2×14 年 4 月 1 日至 6 月 30 日和 2×13 年 4 月 1 日至 6 月 30 日的现金流量表

E. 2×14 年 1 月 1 日至 6 月 30 日和 2×13 年 1 月 1 日至 6 月 30 日的现金流量表

11. 甲公司为上市公司，2×14 年 6 月 30 日需要编制中期财务报告时，提供的现金流量表有(　　)。

A. 2×14 年 1 月 1 日至 6 月 30 日　B. 2×13 年 1 月 1 日至 6 月 30 日

C. 2×14 年 4 月 1 日至 6 月 30 日　D. 2×13 年 4 月 1 日至 6 月 30 日

E. 2×13 年 1 月 1 日至 12 月 31 日

12. 企业在确认、计量和披露在中期财务报告中列报的会计报表项目时，下列说法中正确的有(　　)。

A. 应当遵循重要性原则

B. 在判断项目的重要性程度时，应当以中期财务数据为基础，不

应以预计的年度财务数据为基础

C. 与年度财务数据相比，中期会计计量可在更大程度上依赖于估计

D. 在判断项目的重要性程度时，应当以预计的年度财务数据为基础，不应以中期财务数据为基础

E. 为保证财务数据的正确性，中期会计计量较少依赖于估计

13. 某上市公司在2×14年第三季度发生了会计政策变更，则该公司在其2×14年第三季度财务报告的会计报表附注中应该披露有关会计政策变更的信息有（　　）。

A. 对2×13年第三季度净利润的影响数

B. 对2×14年年初至第三季度末净利润的影响数

C. 对2×14年第一季度净利润的影响数

D. 对2×14年第二季度净利润的影响数

E. 对2×14年第三季度净利润的影响数

（三）判断题

1. 中期财务报表计量相对于年度财务数据的计量而言，在很大程度上依赖于估计。（　　）

2. 报告中期内处置了所有应纳入合并范围的子公司的，中期财务报告中仍需要包括合并财务报表。（　　）

3. 会计年度内不均匀取得的收入，在中期财务报表不能采用预提方法处理。（　　）

4. 中期财务报告应当采用与年度财务报告相一致的会计政策。（　　）

5. 中期财务报告中一定不会有所有者权益变动表。（　　）

6. 中期财务报告中各会计要素的确认和计量因为财务报告期间的缩短可以有别于年度财务报表所采用的原则。（　　）

7. 对于本年度中期内发生的调整以前年度损益事项，不必调整本年度财务报表相关项目的年初数。（　　）

8. 甲公司2×14年提供的半年度中期财务报告中的资产负债表的上年度比较财务报表时间是2×13年6月30日。（　　）

9. 中期财务报告中的附注应当以年初至本中期末为基础进行编制。（　　）

10. 报告中期内处置了所有应纳入合并范围的子公司的，在提供上年度比较财务报表时应当同时提供合并财务报表和母公司报表。（ ）

五、案例

天信公司成立于2×09年年初，公司成立之初没有一家子公司，因此公司2×09年第一季度财务报告中只需要提供公司本身的个别财务报表，不必编制合并财务报表。在2×09年第二季度，公司并购了荣华公司，获得了该公司70%的股份，从而荣华公司成为天信公司的控股子公司，从2×09年第二季度开始，天信公司开始提供合并财务报表和母公司财务报表。至2×14年第二季度末天信公司共有子公司6家。

2×14年6月份，天信公司对所属员工进行专业技能和管理知识方面的培训，发生培训费用20万元。并且发现，公司第一季度管理用固定资产漏记折旧50万元，公司适用的所得税税率是25%。

要求：

天信公司在编制2×14年第二季度财务报告时，天信公司应提供哪些比较财务报表，提供比较财务报表的时间是什么？对于第二季度发生的费用和前期差错应当如何处理？

案例提示

中期财务报告应当提供如下比较财务报表（包括合并报表和母公司报表），具体见表7-1。

（1）本中期末的资产负债表和上年度末的资产负债表。

（2）本中期的利润表、年初至本中期末的利润表以及上年度可比期间的利润表。

（3）年初至本中期末的现金流量表和上年初至上年可比本期末的现金流量表。

表7-1 **中期财务报告应当提供的比较财务报表**

报表类别	本年度中期财务报表时间	上年度比较财务报表时间
资产负债表	2×14年6月30日	2×13年12月30日
利润表（本中期）	2×14年4月1日至6月30日	2×13年4月1日至6月30日
利润表（年初至本中期末）	2×14年1月1日至6月30日	2×13年1月1日至6月30日
现金流量表	2×14年1月1日至6月30日	2×13年1月1日至6月30日

第二季度发生的培训费用，应当直接计入6月份的损益，不能在6月份之前预提或在6月份之后进行摊销。

第一季度的会计差错：少提折旧50万元，导致少计管理费用50万元，多计所得税费用12.5万元，多计净利润37.5万元。应进行如下调整：

借：以前年度损益调整　　500 000

　贷：累计折旧　　500 000

借：应交税费——应交所得税　　125 000

　贷：以前年度损益调整　　125 000

借：利润分配——未分配利润　　375 000

　贷：以前年度损益调整　　375 000

第八章　分部报告

一、学习目的与要求

通过本章的学习，掌握经营分部及报告分部的定义及确定方法，了解分部信息中的信息披露内容。

二、预习要览

（一）关键概念

1. 分部报告　　2. 经营分部

3. 报告分部

（二）关键问题

1. 什么是分部报告？

2. 经营分部是指什么？如何确定经营分部？适合合并的经营分部有哪些？

3. 报告分部是指什么？报告分部的确定标准和方法有哪些？

4. 对分部信息需要在财务报表附注中披露哪些内容？

5. 报告分部信息与企业信息总额相衔接的内容有哪些？

三、本章重点与难点

☐ 经营分部的概念及确定方法

☐ 报告分部的概念、确认标准及方法

☐ 需要在财务报表附注中披露的分部信息

☐ 报告分部信息与企业总额信息的衔接

（一）经营分部的概念及确定方法

1. 经营分部的概念

经营分部是企业确认分部报告中的报告分部的基础，指企业内部同时满足下列条件的各组成部分：（1）该组成部分能够在日常活动中单独产生收入并发生费用；（2）企业管理层能够定期或分期评价该组成部分的经营成果，以决定向其配置资源和评价其业绩；（3）企业能够取得该组成部分的财务状况、经营成果和现金流量等会计信息。

2. 经营分部的确定方法

企业一般应当以内部组织结构、管理要求、内部报告制度为依据确定单独的经营分部。每一个经营分部一般应具有独自的经济特征，经济特征不相似的经营分部，必须分别确定为不同的经营分部，不可以合并。在实务中，并非所有的经营分部都适合作为独立的经营分部来考虑，适合合并的经营分部包括：

（1）单项产品或劳务性质相同或相似的经营分部。

各单项产品或劳务的性质主要指产品或劳务的规格、型号和最终用途等。通常情况下，如果产品和劳务的性质相同或相似，其风险、报酬率及其成长率可能较为接近，因此，一般可以将其划分到同一经营分部中。对于性质完全不同的产品或劳务，则不应当将其划分到同一经营分部中。

（2）生产过程的性质相同或相似的经营分部。

生产过程的性质主要包括采用劳动密集或资本密集方式组织生产、使用相同或相似设备和原材料、采用委托生产或加工方式生产等。对于其生产过程的性质相同或相似的，可以将其划分为一个经营分部。

（3）产品或劳务的客户类型相同或相似的经营分部。

产品或劳务的客户类型主要包括大宗客户、零散客户等。同一类型的客户，如果其销售条件基本相同，例如相同或相似的销售价格、销售折扣或售后服务，往往具有相同或相似的风险和报酬，适合设置为一个经营分部；而其他不同类型的客户，由于其销售条件不尽相同，往往具有不同的风险和报酬，就不适合设置为一个经营分部。

（4）销售产品或提供劳务的方式相同或相似的经营分部。

销售产品或提供劳务的方式主要包括批发、零售、自产自销、委托销售、承包等。如果经营分部销售产品或提供劳务的方式相同或相似，往往具有相同或相似的风险和报酬，适合设置为一个经营分部，但如果各经营分部企业销售产品或提供劳务的方式不同，其承受的风险和报酬也不相同，就不适合合并为一个经营分部。

(5) 生产产品或提供劳务受法律、行政法规的影响相同或相似的经营分部。

企业生产的产品或提供的劳务总是处于一定的经济法律环境之下，受法律和行政法规的影响，包括法律法规规范的经营范围或交易定价机制等，在不同法律环境下生产的产品或提供的劳务可能面临不同的风险和报酬，所以，对不同法律环境下生产的产品或提供的劳务应分别设置经营分部，而具有相同或相似法律环境的产品生产或劳务，应适合合并设置经营分部，只有这样，才会向会计信息使用者提供不同法律环境下产品生产或劳务提供的信息，有利于会计信息使用者对企业未来的发展走向作出判断和预测。

(二) 报告分部的概念、确定标准与方法

1. 报告分部的概念及确定标准

报告分部是指在分部报告中单独披露其财务信息的经营分部。根据分部报告准则的规定，并非所有的经营分部都有必要在分部报告中单独披露相关的财务信息，在确定报告分部时，应当考虑重要性原则，通常情况下，符合重要性标准的经营分部才能确定为报告分部。

根据分部报告准则的规定，判断经营分部是否重要的标准主要有以下三个，满足三者中任意一条标准，都被认为是重要分部，并应确定为报告分部：

(1) 分部收入占所有分部收入合计的10%或者以上的经营分部。

分部收入，是指可归属于经营分部的对外交易收入和对其他分部交易收入。分部收入主要由可归属于经营分部的对外交易收入构成，通常为营业收入。可归属经营分部的收入来源于两个渠道：一是可以直接归属于经营分部的收入，即直接由经营分部的业务交易产生；二是可以间接归属于经营分部的收入，即将企业交易产生的收入在相关经营分部之间进行分配，按属于某经营分部的收入金额确认为分部收入。

分部收入通常不包括下列项目：①利息收入（包括因预付或借给其他分部款项而确认的利息收入）和股利收入（采用成本法核算的长期股权投资取得的股利收入），但分部的日常活动就是金融性质的除外。②营业外收入，如固定资产盘盈、处置固定资产净收益、出售无形资产净收益、罚没收益等。③处置投资产生的净收益，但分部的日常活动是金融性质的除外。④采用权益法核算的长期股权投资确认的投资收益，但分部的日常活动是金融性质的除外。

（2）分部利润（亏损）的绝对额占所有盈利分部利润合计数或者所有亏损分部亏损合计数的绝对额两者中较大者的 10% 或者以上的经营分部。

分部利润（亏损），是指分部收入减去分部费用后的余额。在计算分部利润（亏损）时，应注意将不属于分部收入和分部费用的项目剔除。

分部费用，是指可归属于经营分部的对外交易费用和对其他分部交易费用。分部费用主要由可归属于经营分部的对外交易费用构成，通常包括营业成本、营业税金及附加、销售费用等。与分部收入的确认相同，归属于经营分部的费用也来源于两个渠道：一是可以直接归属于经营分部的费用，即直接由经营分部的业务交易产生；二是可以间接归属于经营分部的费用，即将企业交易发生的费用在相关分部之间进行分配，按属于某经营分部的费用金额确认为分部费用。

分部费用通常不包括下列项目：①利息费用（包括因预收或向其他分部借款而确认的利息费用），如发行债券产生的利息费，但经营分部的日常活动是金融性质的除外。②营业外支出，如处置固定资产、无形资产等发生的净损失。③处置投资发生的净损失，但经营分部的日常活动是金融性质的除外。④采用权益法核算的长期股权投资确认的投资损失，但经营分部的日常活动是金融性质的除外。⑤与企业整体相关的管理费用和其他费用。

（3）分部资产占所有分部资产合计数的 10% 或者以上的经营分部。

分部资产是指经营分部日常活动中使用的可归属于该经营分部的资产，不包括递延所得税资产。企业在计量分部资产时，应当按照分部资产的账面净值进行计量，即按照原值扣除相关累计折旧或摊销额以及累计减值准备后的金额计量。

企业在确认分部资产时，应注意分部资产与分部利润（亏损）、分部费用等之间存在的对应关系，这些关系主要包括：①如果分部利润（亏损）包括利息或股利收入，分部资产中就应当包括相应的应收账款、贷款、投资或其他金融资产。②如果分部费用包括某项固定资产的折旧费用，分部资产中就应当包括该项固定资产。③如果分部费用包括某项无形资产或商誉的摊销额或减值额，分部资产中就应当包括该项无形资产或商誉。

由两个或两个以上经营分部共同享有的资产，其归属权取决于与该资产相关收入和费用的分配，与共享资产相关的收入和费用归属哪个经营分部，共享资产就应该分配给哪个经营分部。共享资产的折旧费或摊销费应该在其所归属的分部经营成果中扣减。

2. 不满足报告分部确认标准的经营分部的处理

如果经营分部未满足上述10%重要性标准，可以按照下列规定确定报告分部：

(1) 企业管理层如果认为披露该经营分部信息对会计信息使用者有用，那么，无论该经营分部是否满足10%的重要性标准，可以将该分部直接指定为报告分部。

(2) 将未满足报告分部确认标准的经营分部与一个或一个以上的具有相似经济特征、满足经营分部合并条件的其他经营分部合并，作为一个报告分部。对经营分部10%的重要性测试可能会导致企业拥有大量未满足10%数量临界线的经营分部，在这种情况下，如果企业没有直接将这些经营分部指定为报告分部，就可以将它们适当合并成一个报告分部。

(3) 不将该经营分部直接指定为报告分部，也不将该经营分部与其他未作为报告分部的经营分部合并为一个报告分部的，企业在披露分部信息时，应当将该经营分部的信息与其他组成部分的信息合并，作为"其他项目"单独在分部报告中披露。

3. 报告分部的75%外部收入约束条件

根据分部报告准则的规定，企业在确定报告分部时，除了要满足前述报告分部10%重要性的确定标准外，还要注意报告分部的75%外部交易收入约束条件。"报告分部的75%外部交易收入约束条件"是指被确定为报告分部的经营分部，不管数量有多少，各个报告分部的对外交易收入合计数占企业总收入的比重必须达到75%。如果满足条件的报告分部对外交易收入的总额未达到企业总收入75%，则企业必须增加该报告分部中的报告分部数量，将原未作为报告分部的经营分部确认为报告分部，直到该比重达到75%。此时，其他未作为报告分部的经营分部很可能未满足前述规定的10%重要性标准，但为了使报告分部的对外交易收入合计额占合并总收入或企业总收入的总体比重能够达到75%的比例要求，也应当将其确定为报告分部。

4. 报告分部的数量标准

根据前述报告分部的确定标准以及外部交易收入75%的约束条件，企业最终确定的报告分部数量可能会超过10个，如果这样，企业提供的分部信息可能变得非常繁琐，不利于会计信息使用者理解和使用，因此，分部报告准则规定，在分部报告中，报告分部的数量不应超过10个。如果按照规定标准确定的报告分部数量超过10个，企业应当考虑将具有相似经济特征、满足经营分部合并条件的报告分部进行合并，以确保报告分部的数量不超过10个。

5. 分部报告中的可比性原则

企业在确定报告分部时，除应遵循相应的确定标准及约束条件外，还应当考虑不同会计期间分部信息的可比性和一致性。对于某一经营分部，在上期可能满足报告分部的确定条件从而确定为报告分部，但本期可能并不满足报告分部的确定条件，基于可比性原则，如果企业认为该经营分部仍然重要，单独披露该经营分部的信息能够更有助于会计信息使用者了解企业的整体情况，则无须考虑经营分部确定为报告分部的条件，仍应当将该经营分部确定为本期的报告分部。

反之，对于某一经营分部，在本期可能满足报告分部的确定条件从而确定为报告分部，但上期可能并不满足报告分部的确定条件从而未确定为报告分部，基于可比性原则，企业亦可以将以前会计期间该分部信息进行重述，并追溯披露该分部信息，如果重述所需要的信息无法获得，或者不符合成本效益原则，则无须重述以前会计期间的分部信息。不论是否对以前期间相应的报告分部进行重述，企业均应当在报表附注披露这一事实。

（三）需要在财务报表附注中披露的分部信息

企业应当在财务报表附注中充分披露分部信息，分部信息的披露应当有助于会计信息使用者评价企业各分部所从事经营活动的性质、财务影响及经营所处的经济环境。企业应当以对外提供的财务报表为基础披露分部信息；对外提供合并财务报表的企业，应当以合并财务报表为基础披露分部信息。在财务报表附注中应当披露的分部信息主要包括：

1. 描述性信息

企业应当在财务报表附注中披露如下与分部报告相关的描述性信息：

（1）确定报告分部考虑的因素。

确定报告分部考虑的因素通常包括企业管理层是怎样对报告分部进行管理的，例如按照产品和服务管理、按地理区域管理或综合各种因素进行组织管理等。

（2）报告分部的产品和劳务的类型。

2. 每个报告分部的利润（亏损）总额、资产总额、负债总额信息

（1）每个报告分部的利润（亏损）信息。

企业应当在财务报表附注中披露每个报告分部的利润（亏损）信息，包括利润（亏损）总额及其组成项目。同时，还应披露与利润（亏损）相关的每个报告分部的下列信息：

①对外交易收入和分部间交易收入。

②利息收入和利息费用。但是，报告分部的日常活动是金融性质的除外。

③折旧费用和摊销费用，以及其他重大的非现金项目。

④采用权益法核算的长期股权投资确认的投资收益。

⑤所得税费用或所得税收益。

⑥其他重大的收益或费用项目。

（2）每个报告分部的资产总额、负债总额信息。

企业应当在财务报表附注中披露每个报告分部的资产总额、负债（不包括递延所得税负债）总额信息，包括资产总额组成项目的信息。同时，还应当在附注中披露与资产相关的每个报告分部的下列信息：

①采用权益法核算的长期股权投资金额。

②非流动资产（不包括金融资产、独立账户资产、递延所得税资产）金额。

对于两个或多个经营分部共同承担的负债，其分配取决于与共同负

债相关费用的分配，与共同负债相关费用分配给哪个经营分部，该共同负债也应当分配给哪个经营分部。

3. 分部会计政策及其变更的信息

（1）分部会计政策及其变更。

分部会计政策是指与披露分部报告特别相关的会计政策。一般来说，分部会计政策应当与编制企业集团合并财务报表或企业财务报表时所采用的会计政策一致，但某些分部信息采用了分部特有的会计政策，比如分部的确定、分部间转移价格的确定方法，以及将收入、费用、资产和负债分配给报告分部的基础等。

企业应当在附注中披露与报告分部利润（亏损）计量相关的下列分部会计政策：①分部间转移价格的确定基础；②相关收入和费用分配给报告分部的基础；③确定报告分部利润（亏损）使用的计量方法的变更及变更的性质及影响等。

企业还应当在附注中披露与部分资产、负债计量相关的下列分部会计政策：①分部间转移价格的确定基础；②相关资产或负债分配给报告分部的基础。

如果企业因管理战略或内部组织结构改变对经营业务范围作出变更或对经营地区作出调整，使企业原已确定的报告分部所面临的风险和报酬产生较大差异，则必须改变原报告分部的分类。在这种情况下，企业就应当对此项分部会计政策变更予以披露。对于分部会计政策的变更，应当提供前期比较数据。对于某一经营分部，如果本期满足报告分部的确定条件确定为报告分部，即使前期没有满足报告分部的确定条件未确定为报告分部，也应当提供前期的比较数据。但是，重述信息不切实可行的除外。分部会计政策变更时，不论企业是否提供前期比较数据，均应在附注中披露这一事实。

（2）分部间转移价格的确定及其变更。

企业在计量分部之间发生的交易收入时，需要确定分部间转移交易价格。一般情况下，分部之间的交易定价不同于市场公允交易价格，为准确计量分部间转移价格，企业在确定分部间交易收入时，应当以实际交易价格为基础计量。由于企业不同期间生产的产品成本不同，可能会导致不同期间分部间转移价格的确定产生差异，造成转移交易价格的变更。对于分部间转移价格的确定及其变更，企业除了应在附注中披露转移价格的确定基础，对于转移交易价格的变更情况，也应当在附注中进行披露。

（四）报告分部信息与企业总额信息的衔接

企业披露的分部信息，应当与合并财务报表或企业财务报表中的总额信息相衔接。具体衔接内容包括：

1. 报告分部收入总额应当与企业收入总额相衔接

报告分部收入包括可归属于报告分部的对外交易收入和对其他分部交易收入。报告分部收入总额在与企业收入总额进行衔接时，需要将报告分部之间的内部交易进行抵销。各个报告分部的收入总额，加上未包含在任何报告分部中的对外交易收入金额之和，扣除报告分部之间交易形成的收入总额，应当与企业收入总额一致。

2. 报告分部利润（亏损）总额应当与企业利润（亏损）总额相衔接

报告分部利润（亏损）是报告分部收入总额，扣除报告分部费用总额之后的差额。报告分部利润（亏损）总额与企业利润（亏损）总额进行衔接时，需要将报告分部之间的内部交易产生的利润（亏损）进行抵销。各个报告分部的利润（亏损）总额，加上未包含在任何报告分部中的利润（亏损）金额之和，扣除报告分部之间交易形成的利润（亏损）金额之和，应当与企业利润（亏损）总额一致。

3. 报告分部资产和负债总额应当与企业资产和负债总额相衔接

企业资产总额由归属于报告分部的资产总额和未分配给各个报告分部的资产总额组成。企业负债总额由归属于报告分部的负债总额和未分配给各个报告分部的负债总额组成。

四、练习题

（一）单项选择题

1. 以下有关分部报告的叙述中，错误的是（　　）。

A. 分部报告通常是作为财务报告的组成分部予以披露的

B. 在企业财务报告仅披露个别报表的情况下，其分部报告的披露以个别财务报表为基础列报

C. 在企业财务报告披露合并报表的情况下，其分部报告的披露仍以个别财务报表为基础列报

D. 主要分部报告可以采用业务分部报告或地区分部报告的形式

2. 下列各项中不属于企业一般确定单独的经营分部的依据的有(　　)。

A. 内部组织结构　　B. 管理要求

C. 业务部门　　D. 内部报告制度

3. 报告分部是指在分部报告中单独披露其(　　)的经营分部。

A. 财务信息　　B. 风险和报酬

C. 会计信息　　D. 分部信息

4. 分部报告准则规定，在分部报告中，报告分部的数量不应超过(　　)个。

A. 10　　B. 7

C. 15　　D. 12

5. 企业编制分部报表时，不需要在其分部报表中披露的项目有(　　)。

A. 分部间营业收入　　B. 分部间营业成本

C. 分部间营业利润　　D. 资产总额

6. 下列收入中，应作为分部收入的是(　　)。

A. 对外营业收入

B. 从企业外部取得的利息收入

C. 非金融机构对其他分部预付款或贷款所发生的利息收入

D. 分部内部发生的应收款项取得的利息收入

7. 下列各费用中，应作为分部费用的有(　　)。

A. 经营分部的日常活动是非金融性质的，因预收或向其他分部借款而确认的利息费用

B. 营业外支出

C. 经营分部的日常活动是金融性质的，处置投资发生的净损失

D. 与企业整体相关的管理费用和其他费用

(二) 多项选择题

1. 下列各项中，适合合并的经营分部包括(　　)。

A. 单项产品或劳务性质相同或相似的经营分部

B. 生产过程的性质相同或相似的经营分部

C. 产品或劳务的客户类型相同或相似的经营分部

D. 销售产品或提供劳务的方式相同或相似的经营分部

E. 生产产品或提供劳务受法律、行政法规的影响相同或相似的经营分部

2. 关于报告分部的确定，下列说法中正确的有(　　)。

A. 企业应以经营分部确定报告分部

B. 企业应以业务分部或地区分部确定报告分部

C. 分部收入占所有分部收入合计的10%或者以上的经营分部，应将其确定为报告分部

D. 分部利润（亏损）的绝对额占所有盈利分部利润合计额或者所有亏损分部亏损合计额的绝对额两者中较大者的10%或者以上的经营分部，应将其确定为报告分部

E. 分部资产占所有分部资产合计额的10%或者以上的经营分部，应将其确定为报告分部

3. 分部报告中的可比原则是指，企业在确定报告分部时，除应遵循相应的确定标准及约束条件外，还应当考虑不同会计期间分部信息的(　　)。

A. 相关性　　B. 可比性

C. 及时性　　D. 一致性

E. 可靠性

4. 无论哪类分部作为主要报告形式，均要披露的信息是(　　)。

A. 分部营业收入和营业成本　　B. 分部期间费用

C. 分部营业利润　　D. 分部资产和负债

E. 分部信息与在合并会计报表和个别报表中总额信息之间的调节情况

5. 下列有关分部报告的表述中，符合现行会计准则规定的有(　　)。

A. 分部报告应当披露每个报告分部的净利润

B. 分部收入应当分别对外交易收入和对其他分部收入予以披露

C. 在分部报告中应将递延所得税资产作为分部资产单独予以披露

D. 应根据企业风险和报酬的主要来源和性质确定分部的主要报告形式

E. 在编制合并会计报表的情况下应当以合并会计报表为基础披露分部信息

6. 以下表述正确的有（　　）。

A. 分部报告是企业财务报告的一个组成部分

B. 个别会计报表和合并报表一并提供时，分部报告的披露以合并会计报表为基础

C. 企业仅披露个别会计报表时，分部报告的披露以个别报表为基础

D. 无论是否同时提供合并会计报表，分部报告的披露均以个别会计报表为基础

E. 分部报告通常作为会计报表附注的组成部分

7. 下列各项中，属于分部费用的有（　　）。

A. 利息费用　　B. 营业成本

C. 营业税金及附加　　D. 营业外支出

E. 所得税费用

8. 满足下述条件之一的分部即可确定为报告分部，这些条件是（　　）。

A. 该分部负债总额占所有分部负债总额的 10% 或以上

B. 该分部费用总额占所有分部费用总额的 10% 或以上

C. 该分部资产总额占所有分部资产总额的 10% 或以上

D. 该分部的营业收入占各分部营业收入总额的 10% 或以上

E. 该分部的营业利润占各分部营业利润总额或营业亏损总额两者绝对值中较大者的 10% 或以上

9. 企业应当在附注中披露的会计政策有（　　）。

A. 与报告分部利润（亏损）计量相关的，分部间转移价格的确定基础

B. 与报告分部利润（亏损）计量相关的，相关收入和费用分配给报告分部的基础

C. 与报告分部利润（亏损）计量相关的，确定报告分部利润（亏损）使用的计量方法的变更和变更的性质及影响等

D. 与分部资产、负债计量相关的，分部间转移价格的确定基础

E. 与分部资产、负债计量相关的，相关资产或负债分配给报告分部的基础

10. 企业应当区分主要报告形式和次要报告形式披露分部信息，以下表述中正确的有(　　)。

A. 风险和报酬主要受企业在不同国家或地区经营活动影响的，披露分部信息的主要形式是地区分部，次要报告形式是业务分部

B. 风险和报酬主要受企业在不同国家或地区经营活动影响的，披露分部信息的主要形式是业务分部，次要报告形式是地区分部

C. 风险和报酬主要受企业的产品和劳务差异影响的，披露分部信息的主要形式是业务分部，次要报告形式是地区分部

D. 风险和报酬同时受企业的产品和劳务差异影响以及经营活动所在国家或地区的差异影响的，披露分部信息的主要形式是地区分部，次要报告形式是业务分部

E. 风险和报酬同时受企业的产品和劳务差异影响以及经营活动所在国家或地区的差异影响的，披露分部信息的主要形式是业务分部，次要报告形式是地区分部

（三）判断题

1. 企业的每个组成部分都是经营分部或经营分部的一个组成部分。(　　)

2. 在实务中，所有的经营分部都适合作为独立的经营分部来考虑。(　　)

3. 只要两个业务分部或地区分部具有相近的长期财务业绩，便可以予以合并。(　　)

4. 如果某一特定地区在生产经营上存在特定的风险，则不能将其与其他地区分部合并。(　　)

5. 采用权益法核算的长期股权投资在被投资单位实现的净利润中应享有的份额属于分部收入。(　　)

6. 分部费用包括与企业整体相关的管理费用和其他费用。(　　)

7. 如果分部费用包括某项无形资产或商誉的摊销额或减值额，则分部资产中就应当包括该项无形资产或商誉。（　　）

8. 提供合并财务报表的企业，分部利润应当在调整少数股东损益前确定。（　　）

9. 分部负债包括递延所得税负债。（　　）

10. 分部资产的披露按照分部资产的账面价值来确定，即应当扣除相关累计折旧或摊销额以及减值准备后的金额确定。（　　）

五、案例

华美公司是一家跨国公司，总部设在中国，主要生产甲、乙、丙3个牌子的服装、化妆品、香水等，同时运营相关产品的销售、运输等。生产的产品主要销往中国大陆、中国香港、中国台湾、新加坡、马来西亚等。华美公司2×14年12月31日的有关资料见表8-1。经过专家预测，生产服装的3个部门今后5年内的平均销售毛利率相差不大，并且各种服装的生产过程、客户类型、销售方式类似。华美公司将业务分部作为主要报告形式。

表8-1　**华美公司业务资料**　单位：元

项目	甲服装	乙服装	丙服装	化妆品	香水	销售公司	运输公司	合计
营业收入	235 000	195 600	358 200	605 500	387 800	625 750	98 000	2 505 850
其中：对外交易收入	188 850	126 400	285 400	465 900	308 950	625 750	98 000	2 099 250
分部间交易收入	46 150	69 200	72 800	139 600	78 850	0	0	406 600
营业费用	188 540	155 750	286 540	386 850	285 800	562 850	65 000	1 931 330
其中：对外营业费用	135 850	105 730	234 250	306 520	251 350	463 800	65 000	1 562 500
分部间交易费用	52 690	50 020	52 290	80 330	34 450	99 050	0	368 830
营业利润	46 460	39 850	71 660	218 650	102 000	62 900	33 000	574 520
资产总额	468 000	356 000	578 350	981 500	541 520	852 500	279 100	4 056 970
负债总额	213 680	157 420	245 310	423 550	198 450	326 510	115 260	1 680 180

要求：确定华美公司的业务分部是哪几个？报告分部是哪几个？

案例提示

经过对表8-1的资料进行分析得出，生产服装的3个部门的毛利率分别是19.77%、20.37%、20.01%，由于近5年内平均销售毛利率相差不大，所以可以认为这3个部门都具有相近的长期财务业绩；同时这3个部门的生产过程、客户类型、销售方式类似，因此可以将生产服装的4个部门予以合并，共同组成一个业务分部。因此华美公司的业务分部为服装分部、化妆品分部、香水分部、销售公司分部和运输公司分部。

由于3种服装已经合并成一个服装分部，因此通过计算，服装分部、化妆品分部、香水分部、销售公司分部和运输公司分部的各分部资产占分部资产合计的百分比分别为34.57%、24.19%、13.35%、21.01%、6.88%。根据分部资产占所有分部资产合计额的10%或者以上可以确定为一个报告分部的规定，华美公司在确定报告分部时，应当将服装分部、化妆品分部、香水分部、销售公司分部作为报告分部。

第九章　清算会计

一、学习目的与要求

通过本章学习，在了解企业清算的基本内容和企业清算会计的特点的基础上，熟悉清算损益的确认计量原理，掌握企业非破产清算与破产清算会计处理的基本方法。

二、预习要览

（一）关键概念

1. 企业清算
2. 企业终止
3. 非破产清算
4. 破产清算
5. 企业清算会计
6. 清算损益
7. 破产管理人

（二）关键问题

1. 什么是企业清算？
2. 企业终止的原因有哪些？
3. 企业清算如何分类？
4. 企业清算会计有什么特点？
5. 企业普通清算与企业破产清算的会计处理有什么区别？

三、本章重点与难点

□ 企业清算的含义

□ 企业清算会计的特点

□ 企业清算会计的主要内容

（一）企业清算的含义

一般来说，法人的清算有两种方式：一种是依照破产程序进行清算，法人在宣告破产后，要由法院组织有关人员成立清算组织，依破产程序进行清算；另一种是不依照破产程序进行的清算，它适用于非以破产为由的法人解散。

企业清算的最基本分类是破产清算与非破产清算。

非破产清算是指在公司法人资产足以清偿债务的情况，依照公司法的规定所进行的清算，包括自愿解散的清算和强制的解散清算。此种清算的财产除用以清偿公司的全部债务外，还要将剩余的财产分配给债权人和股东。

破产清算是指在企业不能清偿到期债务的情况下，依照《中华人民共和国企业破产法》（以下简称《破产法》）的规定所进行的清算。《中华人民共和国公司法》（以下简称《公司法》）规定："公司被依法宣告破产的，依照有关企业破产的法律实施破产清算。"

此二者进行区分的依据主要是企业依法清算的程序不同。

企业终止时，如果财产足以偿还债务时，所进行的清算为非破产清算，理论上全部债权人的债权均能实现，而且往往还存在剩余财产可供分配；如果财产已不足以偿还全部债务的，则必须按照破产清算程序进行清算，按照法定程序和公平受偿原则清偿破产企业职工工资、劳动保险费用、所欠税款、破产债权后，企业终止。

（二）企业清算会计的特点

企业清算会计是财务会计的一个分支，是专门对清算期间的财务信息进行记录、核算、报告的会计管理活动。清算会计主要在会计目标、计量基础及核算原则、会计循环和报表体系四个方面与常规财务会计有所区别。企业清算会计的目标是反映清算过程中的财产变现、债务清偿、资金流转和清算损益的信息；清算会计以变现价值为计量基础，用清算价格原则和收付实现制原则取代历史成本原则和权责发生制原则；清算会计循环周期以清算业务实际完成所耗用的时间为准而不是以年为单位，清算过程中的资金循环已不能形成资金周转；被清算企业的财务报表一般包括财产现状类报表、变现偿债类报表和清算损益类报表等。

（三）企业清算会计的主要内容

企业非破产清算和破产清算会计的主要内容有一定区别。

企业非破产清算的会计事项主要包括：编制清算年度年初至清算日

的财务报表；编制债权债务清册；评估资产净值；反映和监督清算费用；资产变现并清偿债务；核算企业清算损益；按清算净收益计算缴纳所得税；在所有者之间分配剩余财产，并结清会计账册，编制清算报告。

企业破产清算的会计事项主要包括：清查破产财产；编制破产日的资产负债表；变卖破产财产；收取各种债权；核算破产清算损益；向债权人分派破产财产；编报破产财务报表。

企业非破产清算与破产清算的会计处理步骤基本相同，主要的会计处理步骤包括：编制清算日的资产负债表、核算清算过程中发生的清算费用和变卖财物损益、核算收回的债权和清偿的债务、编制清算报表等。

但是，由于破产清算的前提是企业已经资不抵债，所以，企业破产清算与非破产清算在会计处理上的主要区别是前者不能全额清偿债权人的债务，无力归还所有者的投资。

（四）破产管理人

破产管理人可以由有关部门、机构的人员组成的清算组或者依法设立的律师事务所、会计师事务所、破产清算事务所等社会中介机构担任。

在人民法院宣告企业破产后，破产企业由破产管理人接管，负责对破产企业的财产进行管理、清理、估价、处理、分配，代表破产企业参与民事活动，其行为对人民法院负责并向其汇报工作。

四、练习题

（一）单项选择题

1. 依据清算的原因不同，公司清算可以分为(　　)。

A. 自愿清算和强制清算

B. 非破产清算和特别清算

C. 破产清算与非破产清算

D. 特别清算和破产清算

2. 清算会计的计量基础是(　　)。

A. 历史成本　　　　B. 变现价值

C. 预计净残值　　　　　　　　D. 现行重置成本

3. 清算会计的目标与常规财务会计目标不同，因此，清算会计的主要活动是反映企业(　　)。

A. 清算过程前的财务状况　　　B. 清算过程中的财务状况

C. 清算过程后的财务状况　　　D. 以上三项内容

4. 下列关于清算会计的有关说法中，不正确的是(　　)。

A. 清算净收益要缴纳所得税

B. 普通清算的清算净收益可弥补前期亏损

C. 清算企业必须设置“土地转让收益”科目

D. 土地转让损失不能记入“清算费用”科目

5. 下列有关处理企业清算过程中发生的费用的说法中，不正确的是(　　)。

A. 土地转让净收益直接转入未分配利润

B. 清算费用在清算财产中优先支付

C. 财产保管费计入清算费用

D. 估价费计入清算费用

6. 在清算会计中，清算企业的下列原账户不转入清算组接管企业后新开设的“应收款”账户中的是(　　)。

A. 应收账款　　　　　　　　　B. 预付账款

C. 预收账款　　　　　　　　　D. 其他应收款

(二) 多项选择题

1. 企业终止的原因多种多样，下列各项目中符合我国有关法规规定的企业终止原因的有(　　)。

A. 企业章程所设立的经营目的根本无法实现，且企业无发展前途

B. 企业章程所设立的经营目的业已达到，企业不需要继续经营

C. 营业期限届满，自行终止

D. 企业合并或分立，要求企业终止

E. 企业宣告破产

2. 企业进入清算程序后，下列活动属于清算组职责的有(　　)。

A. 公告债权人

B. 清理企业债权债务

C. 代表企业参与民事诉讼活动

D. 清理企业财产，编制财产清单

E. 处理企业清偿债务后的剩余财产

3. 下列各种报表中属于清算财务报表的有(　　)。

A. 清算前资产负债表　　B. 清算后资产负债表

C. 清算费用表　　D. 清算利润表

E. 现金流量表

4. 下列各项目中将增加清算收益金额的有(　　)。

A. 土地转让收益　　B. 财产变卖收益

C. 财产变卖损失　　D. 不能收回的应收账款

E. 重新确认债务中发生的负债减少额

5. 清算期间发生的下列各项费用计入清算费用的有(　　)。

A. 清算人员酬金　　B. 公告费用

C. 诉讼费用　　D. 利息支出

E. 咨询费用

(三) 判断题

1. A 公司与 B 公司创立合并，形成一个新的企业——C 公司。这一创立合并事项至少涉及两个公司的清算。(　　)

2. 根据我国有关法规规定，如果企业在规定的期限内没有营业，长期歇业，就有可能被宣告解散。(　　)

3. 企业清算包括强制清算与非强制清算两种形式。(　　)

4. 清算过程中的土地转让收益是指转让土地使用权取得的收入减去转让费用后的差额。(　　)

5. 企业清算过程中支付的职工安置费应计入清算费用。(　　)

6. 影响清算损益金额的因素包括清算收益、清算损失、清算费用和土地转让净收益。(　　)

7. 清算会计要遵循收付实现制原则。(　　)

(四) 计算与账务处理题

沙河制板股份公司由 A、B、C、D 四家企业等额投资联合经营。现因联营期满决定终止经营，进行清算。2×14 年 8 月 31 日实施清算前的资产负债表见表 9-1。清算过程中发生的事项见表 9-2。

表 9-1　　　　　　　　　　**资产负债表**

编制单位：沙河制板股份公司　　2×14 年 8 月 31 日　　　　单位：万元

资产	期末余额	负债和所有者权益	期末余额
货币资金	200	短期借款	1 200
应收账款	300	应付账款	210
库存商品	1 500	应交税费	-170
固定资产原价	3 700	其他应付款	60
累计折旧	2 500	长期借款	800
		股本	700
		资本公积	100
		盈余公积	180
		利润分配	120
资产总计	3 200	负债和所有者权益总计	3 200

表 9-2　　　　　　　　**清算期间发生的业务**

顺序号	业务内容
1	收回应收账款 250 万元，核销无法收回的 50 万元
2	将库存商品等存货按 1 600 万元价格全部变现，增值税税率 17%
3	将固定资产按 1 300 万元价格变现，应交营业税 10 万元
4	用现金偿还全部债务
5	支付清算费用 20 万元
6	归还股东权益

要求：

根据上述资料，计算沙河制板股份公司歇业清算的清算收益、清算损失、清算费用、清算损益及各投资方分回资金金额。

五、案例

案例 9-1

安然公司破产案例分析

2001 年 12 月 2 日美国安然公司正式申请破产，由备受业界尊重、颇有创新能力的一家超级上市企业，在短时间内戏剧性地由顶峰坠至谷底，创下了美国历史上规模最大的企业破产记录。

安然公司通过创造性地将期货、期权等金融工具引入能源交易中，扩大交易领域，短期内迅速成长为世界上最大的能源和其他商品交易商。但是在宏观环境剧烈变化、股市出现大幅震荡的情况下，它将公司收入和业务稳定与自己的股票价格绑在一起，实行泡沫化经营，利用会计审计制度中的缺陷隐瞒债务、人为操纵利润等手段，加上公司监管机构形同虚设等，导致很快崩溃。

安然公司成立于 1985 年，由当时的休斯敦天然气公司（Houston Natural Gas）和北联公司（Inter North）合并而成，主要经营北美的天然气与石油输送管道业务。20 世纪 80 年代后期，美国政府开始放松对能源市场的管制，导致能源特别是天然气与石油价格的波动加大。安然公司抓住时机，利用市场上随之出现的希望规避与控制能源价格波动风险的需求，创造性地将金融市场中的期货、期权等概念移植到能源交易中，从提供能源产品的期货、期权等新型交易入手，广泛开拓其他大宗商品（如天气预报、通讯带宽等）的衍生交易市场，扩大经营范围。同时依靠所研制的能源衍生证券定价与风险管理系统，加上财力上的优势，占据了新型能源交易市场的垄断地位，成为一个类似美林、高盛，但以交易能源衍生产品为主的新型交易公司。

安然公司凭借不断开拓新的市场，在 1985 年到 2000 年的 15 年间从一个地区性的能源供应商迅速演变为世界上最大的能源和其他商品交易商。根据公司年报，1986 年安然公司年销售收入为 76 亿美元，1996 年 133 亿美元，2000 年则升至 1 008 亿美元。2000 年公司股票价格曾高达 90.56 美元，据此计算，公司资产市值达 800 多亿美元。该公司在《财富》杂志的企业 500 强排行榜上曾列美国第 7 位和世界第 16 位，并从 1996 年起连续 6 次被该杂志评为“美国最具创新能力的公司（American's Most Innovative Company）”，居于微软、英特尔等大公司之前。

在破产前，安然公司的业务遍及全球 40 多个国家和地区，雇员 2.1 万人，业务领域包括石油天然气管网、能源、原材料等产品交易，交易对象除天然气、电力、石油、煤炭、金属等外，还涉及天气预报、通信频率带宽和环保指标等。1999 年该公司建立的世界上最大的在线商品交易网站（Enron Online）交易品种达 1 500 种以上，日交易量

5 000宗，日交易值30亿美元，累计交易达6 500亿美元以上。

安然公司问题的暴露，是从一些以准确了解企业经营状况而不是靠股票交易本身获得收入的机构投资公司、基金管理公司证券分析人员和媒体对安然公司的利润产生怀疑开始的。2001年3月5日《财富》杂志发表文章《安然股价是否高估》，对公司财务提出疑问。随后证券分析人员和媒体不断披露安然公司关联交易与财务方面的种种不正常做法，认为这些关联交易对安然的负债和股价会产生潜在的致命风险。2001年8月美国证券交易委员会开始调查该公司的财务问题。这些情况对市场产生影响，2001年10月安然公司的股价下跌至20美元左右。在各种压力下，安然公司不得不决定重审过去的财务，于2001年11月8日宣布在1997年至2000年间共虚报利润近6亿美元，并有巨额负债未列入资产负债表。11月28日，在安然公司有6亿美元的债务到期的情况下，原准备并购安然的昔日竞争对手德能公司（Dynergy Inc.）宣布无法按照并购条件向安然公司提供20亿美元现金，造成市场对安然公司的信心陡降。同时，标准普尔公司和穆迪公司将安然公司的债信评级连降六级为“垃圾债”，安然股价立即大幅下挫，跌至每股0.2美元的最低点。股价严重下跌，又引发了由关联交易形成的高达34亿美元的债务清偿压力。由于严重资不抵债，安然于2001年12月2日正式申请破产保护。

从目前已揭露的情况看，安然公司的破产可能涉及经营中的欺诈、假账、内幕交易等违法行为，也暴露出美国会计审计制度等监管方面的漏洞。同时，安然公司股价大跌，使得将养老金大量投资其股票的职工血本无归，这将会对美国的社会保障制度改革形成巨大的影响。

案例提示

1. 安然公司破产的原因剖析

安然公司破产的原因是复杂多方面的，有宏观环境发生变化的外部原因，也涉及公司监督机制、经营方式等内部决策失误方面的问题。以下分别加以阐述：

（1）决策失误，盲目投资酿恶果。

20世纪90年代初，随着东欧剧变和苏联解体，国际形势发生了根本的转变，美国人梦寐以求的独步天下之梦想似乎已经变为了现实，由此助长了美国人唯我独大的心理，加上美国经济的复苏和随之而来的知识经济，极大地改变了美国人的传统价值观念，一些新型的科技领域和衍生金融工具很快成为企业家和投资者趋之若鹜的对象。

安然正是在这种形势的感召下开始加速扩张的。1991 年安然在英国建立起第一家海外发电厂，1992 年成立了“安然资本公司”，从事能源期货与期权交易，并且很快就确立了自己在这一新市场中的霸主地位。为了早日实现从“全美最大能源公司”到“全球最大能源公司”的转变，安然公司将它的发展计划扩展到了印度、菲律宾和其他国家，在北美的业务也从原来的天然气、石油的开采与运输扩展到了包括发电和供电在内的各项能源产品和服务业。

于是，安然不满足做世界一流的能源公司，提出要做美国最大的公司，当时安然总裁杰弗里·斯基林认为“这个目标体现出了一种改革创新的精神!”，为实现这一目标，安然实施了疯狂的扩张政策，从美国到印度，从能源管道到宽带网络。然而，安然的扩张，并未能给其带来利润，而且成为无法填平的黑洞，在承认了 12 亿美元的虚假利润后，安然宣告破产。安然的实践证明：盲目追求多样化，不顾一切地上项目，不切实际地热衷于新经济，是企业规模极度扩张、风险失控并最终导致公司破产的根本原因。

（2）企业内部的权力过度集中，导致公司治理失衡。

著名美国经济学家保罗·克鲁格曼在分析安然事件时就曾这样说：“我们总是认为在现代公司中由职业经理人代替股东进行管理的机制是理所当然的。但是自亚当·斯密以来的很多经济学家指出，公司的所有权和经营权分离为内部人滥用职权创造了可能性。”“安然公司的崩溃不只是一个公司垮台的问题，它是一个制度的瓦解。”

美国实行的是单一委员会的法人治理，其决策权主要在董事会和 CEO，由于独特的 CEO 文化，美国公司的 CEO 权力很大，唯一能给予制衡的是董事会。因此，美国公司董事会制度中最使投资者关注的是董事会的独立性。而安然公司最后在任的 15 位独立董事中，有 10 人几乎都与安然公司有着直接的利益关系。这样，CEO 不仅能够绝对地拥有企业的经营决策权，甚至还包揽了企业以及企业财务信息的披露大权。

（3）激励机制异化，助长弄虚作假。

20 世纪 80 年代开始，美国公司开始大范围的普及股票期权激励机制。公司把股票期权作为一种报酬给予董事、经理、员工，甚至管理顾问、法律顾问和其他的服务提供商。当股票期权成为经理人报酬的主要来源的时候，经理人自然会关注公司股价。期权制度在很大程度上激励了管理层励精图治，高效管理公司，但同时也使某些私欲膨胀的 CEO 们想尽办法使自己手中的期权变现。经理人有强大的动力来操纵公司的利润数字。高层管理者们拿投资人的钱去冒太大的风险以使公司获得高额利润，这样他们就能拿到数以亿万计的期权。当他们的冒险失败时，他们就不怕以身试法，篡改账目，虚报利润，竭尽全力维持公司股价，以防自己手中的期权缩水。这样，经营者就变成了一个为股票价格而不是为公司业绩服务的哄抬股价者，从而为信息的虚假披露埋下祸根。

（4）隐瞒债务、人为操纵利润等手段难以为继。

20 世纪 90 年代中期以来，安然不断使用金融重组技巧，利用“金字塔”式多层控股结构，以较少的资金控制大量公司，组成包括 3 000 多家子公司和合伙企业在内的庞大公司体系。所谓“金字塔”结构是：如果 A 公司控制 B 公司 51% 的股份，B 公司又控制 C 公司 51% 的股份，尽管 A 公司实际只拥有 C 公司 25.5% 的股份，仍能完全控制 C 公司。控股层次越多，顶层公司控制底层公司所需的资金越少。为逃避纳税义务，安然公司注册了兼有股份公司和合伙公司优点的有限责任公司（Enron Global Power & Pipeline），既能在法律上将公司层次上的交纳所得税义务转移给股东而减少纳税，又能对外承担仅有限责任，还可以发行股票融资。采取与被收购公司进行股票置换的办法，避开了其他购并方式所涉及的资产转移手续和纳税等问题，以最低的资产重组成本，将不同国家的能源投资项目的注册公司变成自己的子公司，形成大批的关联企业。安然的关联企业除了能源、宽带通信企业，还有相当部分的基金管理公司，为安然提供所需的融资、套期保值等风险控制手段。通过关联企业，安然公司从事了大量模糊财务报表、隐蔽债务、操纵利润的勾当。

安然通过关联企业的非正常交易，利用新的金融工具虚抬资产，搞财务游戏，制造出令股市高兴的“业绩”。2000 年 6 月间，受 IT 和通信业持续不振的影响，安然最新大项目宽带业务的前景日益暗淡，安然与从事投资基金管理的一家控股关联企业 LJM2 签订资产互换协议，以发行股票方式为其宽带业务的资产价值担保，获得 LJM2 近 10 亿美元的现金。在宽带资产价值大量缩水，发行股票价格势必下跌而无法如期实施的情况下，安然公司却将互换协议中的好处算作收入，进而表现出企业利润的增加，形成虚假的经营业绩。

为避免摊薄股权或降低债信评级，安然融资时不是直接增发股票或发行债务，而是利用关联企业达到既融资又隐藏债务的目的。根据美国通用会计准则规定，公司拥有子公司的股份不超过一定比例，无须将子公司的资产负债表合并在自己的报表中。安然控制了所设立的子公司和投资项目，可以将其融资计入自己的报表，但将债务留给了子公司，采取不合并报表的做法，使这些子公司的负债并没有反映在其本身的资产负债表中。据估计，安然通过这种方式隐藏了大约 270 亿美元的债务。

安然的上述做法都是通过虚抬自己资产的方式、以公司股票升值为目的而进行的。在债务清偿期限内，如果相应的资产增值，超过了负债部分，安然不仅能如期偿还各种由子公司承担的债务，而且还可以得到“额外”的收益。但是，由于 2000 年春季前后的股市整体下跌，安然的如意算盘没有实现，其“创造”利润的做法难以承继，最终只好以破产告终。

（5）美国会计与审计制度缺陷使安然公司有机可乘。

安然公司关联交易中存在的操纵财务报表的行为，与美国会计、审计制度存在的缺陷有很大关系。

美国现有的会计审计制度允许会计公司在承担审查企业财务状况的同时，可以从事相应的咨询业务。安达信会计公司作为安然公司的会计审计单位的同时，还为安然公司提供咨询服务，其年收入中的一半以上来自咨询服务。审计机构与被审计对象存在利益相依联系时，很难保证审计监督的公平与公正。这也是安然公司可以隐瞒大量债务的重要原因。

2. 安然破产案件的启示

安然破产案件，反映出市场经济条件下企业不当行为对经济带来的巨大影响。它对于我国完善市场经济体制、防范金融风险、促进金融市场健康发展等方面具有十分重要的意义。

（1）密切注意研究经济中出现的新事物、新问题，加强风险防范意识。

需求创造市场是市场经济的一个基本原理，同时市场也具有失效性，有随时造成危害的风险。我国处于社会主义经济体制建立与完善的过程中，在原有市场存在的同时，还会出现大量的新事物和新市场，特别是新型的资产衍生工具。过去我们曾经有过由于对新事物了解不够、准备不足而造成市场秩序混乱的教训。因此，必须密切注视经济运行中出现的新事物和新问题，及早研究其特点及运行规律，在注意发挥这些新事物对经济发展的促进作用的同时，及时恰当地建立有利于其正常发展的监管机制和规则，尤其要注意研究这些新市场对整个经济运行的消极影响和潜在风险，防范他们对经济运行可能造成的破坏。

（2）在市场经济条件下必须更加重视加强监管。

安然事件充分说明了加强监管的重要性和必要性。

在市场经济条件下，政府监管与维护市场正常经营对经济发展的责任和重要性远远超过直接参与具体的经营活动。政府监管必须在以维护合理的市场机制为中心、实现“公开、公平、公正”市场规则的基础上，健全各项制度，堵塞各项漏洞，突出政府监管的威慑作用和权威性，消除企业经营中的不正当行为。这点对于入世后我国向国外企业开放的服务业的发展尤为迫切。与国外服务业相比，我国服务业市场化程度相对较低，竞争力相对较弱。如果没有恰当的政府监管机制和相应的风险防范措施，国外的服务业可能会凭借强有力的竞争优势、成熟的市场开拓经验和较强的创新意识，特别是采取某些具有较强风险性的手段进入到我国市场，在占据我国较大市场份额的同时产生风险，从而影响我国相关服务业的正常发展。另外，要保证监管的有效性。会计公司安达信公司既审计安然公司的财务状况，又为安然公司提供咨询服务，难逃其监管失察之责。这种“既作裁判，又当球员”的做法，在我国也不同程度的存在，必须尽快消除。

（3）应重视培育市场内在的监管机制。

在安然案件中，基金管理公司、独立的证券市场分析人员以及媒体报道，对于揭露安然经营中的问题发挥了重要作用。基金管理公司、独立的证券市场分析人员主要为投资者提供分析报告和建议，与媒体一样，分析与报道的准确性和可靠性，是其收入和生存的决定因素。而市场中的投资银行和证券交易公司主要通过股票交易获取收入，股票交易量越大，收入就越多，与上市公司具有相同的利益激励机制。两者存在着不同的利益激励机制，前者可以对后者实施监督。它表明：一个发育完善的市场内部具有自我监督机制，而且监督效果更直接、更迅速。应建立多层次的市场监督管理体制。政府监管机构从监管动机、人力物力等方面来看，很难对市场中所有对象及行为进行直接监管或事前仔细核查。政府监管侧重于间接监管，重点放在建立有利于正常市场运行的机制与规则，发挥威慑和事后补救作用。同时，应大力完善市场内部的自律机制，鼓励市场内部的制约机制去“纠错”，监管企业行为。这也是完善市场经济体制的重要任务之一。

（4）要切实保证企业内部监管机制的作用。

按照规定，安然公司董事会设有独立董事，但这些董事由于与安然公司存在各种各样的利益关系而失去了对公司经营的实际监督。我国国有企业改革、建立现代企业制度的一项重要内容是建立监事会，后者作用相当于独立董事。必须吸取安然公司的教训，不仅要建立相应的机构，而且更要保证这些监管机构能够正常发挥作用，切实担负起监督企业经营与发展决策的责任。

案例 9-2

东星航空有限公司的破产方案

东星航空有限公司（简称“东星航空”）由中国东星集团有限公司下属湖北东星国际旅行社有限公司、湖北东盛房地产有限公司、湖北美景旅游投资有限公司 2005 年 5 月共同投资组建，注册资本为 8 000 万元人民币，是继奥凯、鹰联、春秋航空之后，我国第 4 家投入运营的民营航空公司。东星航空先后从美国一家公司租赁 10 架全新的空中客车飞机，建立了武汉、广州、郑州三大航空运营基地。自 2008 年下半年以来，向武汉市政府部门请求协助追讨东星航空欠款的海内外企业及金融机构已达 6 家，欠款总额超过 4 亿元人民币。中航重组东星航空几乎没有可能进行下去，据财务部门清理，目前东星航空已到账和可收回的资金仅 302 万元人民币，而当前急需的开支多达 1 160 多万元人民币，其中 20 日以后的航班退票费约 510 万元人民币，拖欠员工工资 476 万余元人民币，资金缺口 858 万余元人民币。有关部门目前讨论的主要是破产，以确定“哪一种破产方式最适合”。目前，东星航空面临与债权人和解、破产重整和破产清算三种解决方式。最终的结果可能有三种：一是债权人和债务人达成和解，债务企业由此免于破产；二是对债务企业进行破产重整；三是宣告企业破产清算，即制订财产处置方案，提交债权人会议表决。

实际情况是：东星航空目前最大的债权人——GE 旗下的 GECAS 向法院起诉东星航空欠缴飞机租金时，已向法院提出申请，要求东星航空破产。东星航空实际控制人董事长兰某对国航母公司中航集团收购东星航空的重组谈判持抵制态度。

要求：

结合以上条件，分析东星航空有限公司三种破产方案的可能性。

案例提示

1. 和解的方式目前来看很难达成

因为东星航空如果要与债权人和解，首先必须出售资产偿还债务。被中航集团收购是最快获得资金的方式，但目前东星航空及兰董事长均表态拒绝被中航集团收购。因此，后两种方案的可能性较大。

2. 破产重整的方式存在可能，但有弊端

破产重整，是指具有一定规模的公司，在出现破产原因或有破产原因出现的危险时，为防止企业破产，经利害关系人申请，在法院的干预下，对该公司实行强制治理，使其复兴并运营下去的法律制度。

如果债权人可以接受对债务进行打折的重整方案，那么中航集团以承担债务的方式获得东星航空股权，所付成本可能较低。

这一方案的弊端在于债权人可能不满债务打折而否决重整方案。此外，如果重整计划草案涉及出资人（股东）权益调整事项的，出资人还要对重整进行表决。而该案中，东星航空若要重整，显然关系到兰某的股权变动，他也可能否决该方案。

3. 第三种方案破产清算，可以借鉴三元收购三鹿的模式

河北三元和北京三元集团的联合竞拍体于 2009 年 3 月初以 6.165 亿元的价格竞拍到三鹿的部分核心资产，而三鹿的债务则由破产管理人石家庄三鹿清算组管理。

参照三元收购三鹿的模式，东星航空如果被迫破产清算，中航集团也可以参与东星航空被拍卖的财产，而无须承担东星航空的债务。这样做的好处在于能够获得一份比较“干净”的资产，但风险是中航集团可能会面临其他的竞拍者，进而造成收购成本被抬高。

第十章 特殊行业会计

一、学习目的与要求

通过本章第一节的学习，在了解生物资产及其特征的基础上，掌握生物资产确认与计量的相关原理和具体内容，特别是其初始计量和后续计量，熟练掌握会计科目的设置、企业生物资产会计处理的基本方法，了解生物资产的减值、我国选择历史成本计量模式的原因、生物资产的收获与处置、生物资产会计信息的披露，理解我国企业会计准则与国际会计准则的差异，掌握新旧生物资产会计处理的变化及衔接。

通过本章第二节的学习，了解油气行业的特点、油气生产经营活动及其支出内容，掌握油气资产的组成内容及其确认条件，掌握油气资产的初试计量、后续计量方法，了解油气生产成本的组成项目和油气开采的信息披露内容。

通过本章第三节的学习，掌握保险公司的会计核算方法，掌握保险公司的主要业务、业务特点及会计核算的特点。保险公司属于金融机构，与银行业和证券业的会计核算方法有很多相似之处，但由于保险业是专门经营风险的行业，因此，保险公司在会计核算上又有自己的特色。

二、预习要览

（一）关键概念

1. 消耗性生物资产
2. 生产性生物资产
3. 公益性生物资产
4. 农产品
5. 油气资产
6. 矿区权益
7. 弃置义务
8. 递耗资产
9. 产量法
10. 油气生产及其成本

11. 保险公司
12. 保险合同
13. 财产保险
14. 人寿保险
15. 原保险合同
16. 再保险合同
17. 保险风险
18. 保险人
19. 投保人
20. 保险合同准备金
21. 未决赔款准备金
22. 寿险责任准备金
23. 长期健康险责任准备金
24. 分出业务
25. 分入业务
26. 分保账单
27. 寿险原保险合同
28. 非寿险原保险合同
29. 风险准备金

（二）关键问题

1. 什么是消耗性生物资产？

2. 什么是生产性生物资产？

3. 什么是公益性生物资产？

4. 生物资产的后续计量应当考虑哪些内容？

5. 生物资产的披露应当考虑哪些方面的问题？

6. 收获时点的农产品的成本，应当如何分别从消耗性生物资产、生产性生物资产转出？

7. 生物资产的可变现净值或可收回金额为零时的情形包括哪些？

8. 我国《企业会计准则第5号——生物资产》与国际会计准则之间的差异体现在哪些方面？

9. 公允价值计量模式下的生物资产如何进行会计处理？

10. 活跃的交易市场同时具有什么特征？

11. 什么是油气资产？油气资产的组成内容包括什么？

12. 石油天然气生产活动分为几个阶段？每个阶段都会发生哪些支出？

13. 对矿区权益和井及相关设施应如何确定其价值？不同方式取得的矿区权益应如何进行会计处理？

14. 弃置义务是指什么？如何进行确认与计量？

15. 如何对油气资产进行折耗？对不同油气资产，如何计提其减值？

16. 保险公司的会计核算有哪些特点？

17. 保险公司的利润表由哪些项目构成？有哪些特点？

18. 财产保险的会计核算有哪些特点？

19. 保费收入是如何形成的？

20. 财产保险准备金包括哪些内容？

21. 人身保险的会计核算有哪些特点？

22. 人身保险业务准备金包括哪些内容？

23. 再保险会计核算有哪些特点？

24. 分保账单有哪些内容和作用？

25. 分入业务和分出业务的核算方法是什么？

26. 保险资金运用应遵循的原则是什么？

27. 保险资金投资的主要方向是什么？

三、本章重点与难点

（一）生物资产会计

1. 公允价值计量应当同时满足的条件

采用公允价值计量的，应当同时满足下列条件：

（1）生物资产有活跃的交易市场。

（2）能够从交易市场上取得同类或类似生物资产的市场价格及其他相关信息，从而对生物资产的公允价值作出合理估计。

2. 我国选择历史成本计量模式的原因

历史成本计量模式下提供的财务信息是过去发生的，具有很强的可靠性，但是随着客观环境的变化，这些信息可能与现实不符，即相关性较弱。而公允价值计量模式下提供的财务信息正好弥补了相关性不足的缺陷，但同时由于在计量的过程中存在估计、判断，因此又降低了会计信息的可靠性。我国《企业会计准则》中对于生物资产的计量仍然采用历史成本的计量模式，仅在特定条件下才采用公允价值的计量模式。这其中的原因包括：

（1）我国农业企业数量多、规模小，以家庭经营为主。这类企业通常不要求也没有能力对外提供财务报告。

（2）我国的农业市场体系尚不健全，产品市场和要素市场都很不发达，农业信息化程度较低，不适合采用公允价值计量模式。取得公允价值需要有发育充分的市场体系。农业市场体系不完善，从农业产品市场和要素市场取得有用的信息还比较困难，因而无法确定公允价值。所以，我国目前直接采用公允价值作为生物资产的计量模式还不合时宜。

（3）我国的资本市场还不规范。只有在成熟的资本市场、完整的资产评估准则体系、完善的债务重组法律法规等外部条件支撑下，公允价值的计量才能真正发挥作用。否则，企业以公允价值计量的差额作为利得或损失计入损益的处理结果会对企业资产价值的稳定性以及企业的损益带来很大的影响。特别是在上市公司，公允价值计量模式容易成为企业操纵利润、粉饰会计数据的手段，从而降低会计信息的质量。

（4）我国农业从业人员专业素质较低，职业判断能力有待提高。公允价值的计量需要会计人员具有高超的职业判断能力。要获取高质量的公允价值信息，不仅需要会计人员具有丰富的会计理论与实践素养，还需要会计人员了解金融资产评估、资本市场等相关知识。而我国现有的会计从业人员整体素质不高，这将直接影响职业判断水平，从而制约公允价值模式的使用效果。

（5）公司治理结构不完善。我国的一些公司经常出现一人兼任董事会与监事会的职务、股东大会对高级经理层的约束力形同虚设等现象，这就造成了董事会和高级财务经理拥有对会计工作的实际控制权。又由于会计信息具有对董事会和高级经理人员能力、业绩、道德水平监督和评价的功用，因此，在使用公允价值计量模式时，就很容易出现董事会和高级经理人员出于私利操纵会计数据的情况。

（6）诚信机制的建立尚需完善。诚信是道德标准，如若缺乏，即使会计制度、企业治理结构、资本市场等其他条件都完备，也无法阻挡造假行为的发生。中介机构及企业本身的诚信水平和专业水平都有待提高。因此，必须建立对诚信负责的机制，明确诚信的评判标准及违背诚信标准应付出的成本。而在我国，诚信机制的建立还在不断完善之中，违背诚信的事件还时有发生，这对公允价值模式的运用是非常不利的。

（7）在市场上取得资产的公允价值是需要付出一定成本的。在选择计量模式时，不得不考虑成本与效益的原则。若取得公允价值的成本过高，则企业很可能会放弃采用公允价值而采用历史成本。

综合以上几点，我国在现阶段对生物资产的计量采用历史成本模式是有其必要性的。但是，鉴于公允价值的若干优势及其对我国准则与国际趋同的重要意义，我国在《企业会计准则》中也明确规定了生物资产可以使用公允价值进行计量的情况。

3. 生物资产准则与国际会计准则之间的差异

（1）内容上的差异。

国际会计准则第 41 号《农业》（IAS 41）规范了三方面的内容，包括农业活动中的生物资产、收获时的农产品、相关的政府补助，其中主要规范的是生物资产的确认、计量与披露。

我国生物资产准则仅限于生物资产的确认、计量与披露，其他两方面的内容分别在《企业会计准则第 1 号——存货》和《企业会计准则第 16 号——政府补助》中进行规范。

（2）分类上的差异。

我国《企业会计准则第 5 号——生物资产》充分考虑了我国公益性生物资产数量较多、国有农场等实际情况，将生物资产分为三大类：消耗性生物资产、生产性生物资产和公益性生物资产。

国际会计准则仅将生物资产划分为消耗性生物资产和生产性生物资产。此外，按生物资产的成长特征又可划分为成熟生产性生物资产和未成熟生产性生物资产。

（3）计量模式上的差异。

我国《企业会计准则第 5 号——生物资产》的初始计量和后续计量均主要采用历史成本计量模式，限制对公允价值计量模式的使用，这也在一定程度上体现了谨慎性原则。

国际会计准则要求，除了在对生物资产进行初始计量时公允价值不能够可靠计量外，一律采用公允价值计量。国际会计准则还规定，企业一旦采用公允价值模式计量，即使后来无法可靠地确定公允价值，也应继续使用公允价值，直至处置该生物资产。这样，可以防止在价格下跌时，企业以不能可靠确定公允价值为借口而不再采用公允价值。

从世界范围来看，对于生物资产的计量，澳大利亚采用了公允价值计量模式，而美国与加拿大等国家采用的是历史成本计量模式。

（4）减值与跌价准备的处理上的差异。

我国《企业会计准则第 5 号——生物资产》中规定，企业至少应当于年度终了对生产性和公益性生物资产、消耗性生物资产进行检查。如果有确凿证据表明生产性生物资产由于遭受自然灾害、病虫害、动物疫病侵袭等导致其生产成本高于可收回金额的，应按可收回金额低于账面价值的差额，计提减值准备或跌价准备，且一经计提不能转回。消耗性生物资产的减值计提与转回按照存货准则进行处理。

国际会计准则中按照公允价值进行生物资产的计量产生的利得或损失，应包括在其发生期间的损益中。如果公允价值无法可靠计量，生物资产按照其成本减去累计折旧和累计减值损失计量。其减值损失的确定类同于固定资产和存货的减值损失确定，即当未来可收回金额低于账面价值时，按照两者的差额计提减值准备，但当据以计提减值准备的因素发生变化，使其可收回金额大于其账面价值时，已计提的减值准备可以转回。

（5）披露的内容上的差异。

国际会计准则要求披露的内容比我国《企业会计准则》更宽泛。比如，要求企业对下列事项进行披露：所有权受到限制的生物资产的账面金额及所有权受到限制的情况；作为负债担保被抵押的生物资产的账面金额；因开发或购买生物资产而承担的义务；与农业活动相关的财务风险的管理战略。又如，要求企业对下列政府补助事项进行披露：在财务报表中确认的政府补助的性质与范围；与政府补助相关联的未履行条件和其他或有事项；预计政府补助水平的重大减少。

我国《企业会计准则第 5 号——生物资产》对以上事项不作要求，但要求披露生物资产期末公允价值总额及各类生物资产的公允价值。生物资产与土地使用权组合存在活跃市场的，也可以披露组合资产的公允价值。

4. 生物资产的披露包括表内披露、表外披露

（1）生物资产的表内披露。

“农业生产成本”科目的借方余额减去“存货跌价准备——消耗性生物资产跌价准备”科目的贷方余额后，列入资产负债表中的“存货”项目，并且在表中单独列示存货中消耗性生物资产的金额。

“生物性在建工程”科目的借方余额减去“生物性在建工程减值准备”科目的贷方余额后，列入资产负债表中的“在建工程”科目。

“生产性生物资产”科目的借方余额减去“生产性生物资产累计折旧”账户的贷方余额后，以净额列入资产负债表中的“固定资产”项目。

（2）生物资产的表外披露。

企业应当在附注中披露与生物资产有关的下列信息：

①生物资产的类别以及各类生物资产的实物数量和账面价值。

②各类消耗性生物资产的跌价准备累计金额，以及各类生产性生物资产的使用寿命、预计净残值、折旧方法、累计折旧和减值准备累计金额。

③天然起源生物资产的类别、取得方式和实物数量。

④用于担保的生物资产的账面价值。

⑤与生物资产相关的风险情况与管理措施。

⑥企业应当在附注中披露与生物资产增减变动有关的下列信息：因购买而新增加的生物资产；因自行培育而新增加的生物资产；因出售而减少的生物资产；因盘亏或死亡、毁损而减少的生物资产；计提的折旧及计提的跌价准备或减值准备；因接受捐赠、盘盈等而增加的部分；因产出农产品而减少的部分；因天然起源而增加的部分等。

5. 消耗性生物资产不能作为企业的存货进行会计核算的原因

《企业会计准则第 1 号——存货》规定，消耗性生物资产适用《企业会计准则第 5 号——生物资产》，不作为存货。

不过，提醒大家注意，在《企业会计准则应用指南》中，有关一般企业报表附注中存货的披露格式，表格中列示的第一栏是存货种类，其中包括 5 个类别，分别是“1. 原材料”、“2. 在产品”、“3. 库存商品”、“4. 周转材料”、“5. 消耗性生物资产”。

存货的另一项附注则是关于消耗性生物资产的期末实物数量的，要求按种植业、畜牧养殖业、林业、水产业等列示期初与期末及本期增减变动额。这里又把消耗性生物资产列入了“存货”项目，原因在于，记录与报告是会计核算的两个环节，而记录与报告的方式是不同的。

6. 生物资产发生减值的判断

生物资产存在下列情形之一的，通常表明该生物资产发生了减值：

（1）因遭受火灾、旱灾、水灾、冻灾、台风、冰雹等自然灾害，造成消耗性或生产性生物资产发生实体损坏，影响该资产的进一步生长或生产，从而降低其产生经济利益的能力。

（2）因遭受病虫害或动物疫病侵袭，造成消耗性或生产性生物资产的市场价格大幅度持续下跌，并且在可预见的未来无回升的希望。

（3）因消费者偏好改变而使企业消耗性或生产性生物资产收获的农产品的市场需求发生变化，导致市场价格逐渐下跌。

（4）因企业所处经营环境，如动植物检验检疫标准等发生重大变化，从而对企业产生不利影响，导致消耗性或生产性生物资产的市场价格逐渐下跌。

（5）其他足以证明消耗性或生产性生物资产实质上已经发生减值的情形。

（二）油气开采会计

石油天然气行业（简称油气行业），是指从事石油天然气勘探、开发、开采和运输销售业务的行业，属于采掘工业，也属于重工业。石油天然气生产活动是指从矿权取得起到油气从地下开采出地面的全过程。整个过程可以分为4个阶段：矿权取得阶段、勘探阶段、开发阶段和开采阶段。相应地，支出也分为矿区取得支出、勘探支出、开发支出和开采支出。

1. 油气资产的确认

油气资产是指油气开采企业所拥有或者控制的井及相关设施和矿区权益。需要注意的是，开采油气所必需的辅助设备和设施（如房屋、机器等），作为一般固定资产管理，不属于油气资产。油气资产主要包括：

（1）矿区权益。

矿区权益，是指企业取得的在矿区内勘探、开发和生产油气的权利，分为探明矿区权益和未探明矿区权益。为取得矿区权益而发生的成本应当在发生时予以资本化。在矿区权益取得后发生的探矿权使用费、采矿权使用费和租金等维持矿区权益的支出，应当在发生时计入当期损益。

（2）井及相关设施。

油气勘探与开发的目的是形成可以开采石油的井及相关设施。井及相关设施的成本主要来自油气勘探支出和油气开发支出的资本化部分。

①油气勘探支出的资本化。油气勘探支出包括钻井勘探支出和非钻井勘探支出。非钻井勘探支出于发生时计入当期损益。根据我国《企业会计准则》的规定，对于钻井勘探支出的资本化应当采用成果法，即只有发现了探明经济可采储量的钻井勘探支出才能资本化，结转为井及相关设施成本，否则计入当期损益。具体来说：

第一，钻井勘探支出在完井后，确定该井发现了探明经济可采储量的，应当将钻探该井的支出结转为井及相关设施成本。

第二，确定该井未发现探明经济可采储量的，应当将钻探该井的支出扣除净残值后计入当期损益。

第三，确定部分井段发现了探明经济可采储量的，应当将发现探明经济可采储量的有效井段的钻井勘探支出结转为井及相关设施成本，无效井段钻井勘探累计支出转入当期损益。

第四，未能确定该探井是否发现探明经济可采储量的，应当在完井后一年内将钻探该井的支出予以暂时资本化。

②油气开发支出的资本化。油气开发活动所发生的支出，应当根据其用途分别予以资本化，作为油气开发形成的井及相关设施的成本。

2. 油气资产的初始计量

（1）矿区权益取得的初始计量。

企业为取得矿区权益而发生的成本应当在发生时予以资本化。企业取得的矿区权益，应当按照取得时的成本进行初始计量。矿区权益的不同取得方式，其初始成本的确定也各不相同。

①对于企业申请取得的矿区权益，应当按照在申请取得过程中发生的探矿权使用费、采矿权使用费、土地或海域使用权支出、中介费以及可直接归属于矿区权益的其他申请取得支出进行计量。

②对于企业购买取得的矿区权益，应当按照购买价款、中介费以及可直接归属于矿区权益的其他购买取得支出进行计量。

③投资者投入的矿区权益，应当按照投资合同或协议约定的价值作

为初始成本。

④企业通过债务重组取得的矿区权益，应当按照受让的矿区权益的公允价值加上应支付的相关税费作为矿区权益的成本。

⑤非货币性资产交换取得的矿区权益，应该按照《企业会计准则第7号——非货币性资产交换》进行处理。

（2）矿区权益的转换。

未探明矿区（组）内发现探明经济可采储量而将未探明矿区（组）转为探明矿区（组）的，应当按照其账面价值转为探明矿区权益，借记“油气资产——探明矿区权益”科目，贷记“油气资产——未探明矿区权益”科目。

未探明矿区因最终未能发现探明经济可采储量而放弃的，应当按照放弃时的账面价值转销未探明矿区权益并计入当期损益。因未完成义务工作量等因素导致发生的放弃成本，计入当期损益，借记“勘探费用”科目，贷记“油气勘探支出”科目。

（3）井及相关设施的初始计量。

企业在勘探过程中发生的支出，应当先记入“油气勘探支出”科目，勘探过程完工，属于发现探明经济可采储量的钻井勘探支出，转入“油气资产”；属于未发现探明经济可采储量的钻井勘探支出，转入“勘探费用”。油气开发活动所发生的支出，应当根据其用途分别予以资本化，作为油气开发形成的井及相关设施的成本。

（4）弃置义务的确认与计量。

弃置费用通常是指根据国家法律和行政法规、国际公约等规定，企业承担的环境保护和生态恢复等义务所确定的支出。在确认井及相关设施成本时，弃置义务应当以矿区为基础进行预计，主要涉及井及相关设施的弃置、拆移、填埋、清理和恢复生态环境等所发生的支出。对于油气资产的弃置费用，如果符合预计负债确认条件的，应当将该义务确认为预计负债，并相应增加井及相关设施的账面价值。不符合预计负债确认条件的，在废弃时发生的拆卸、搬移、场地清理等支出，应当计入当期损益。

企业应当按照弃置费用的现值计入相关油气资产的成本。在油气资产的使用寿命内，按照预计负债的摊余成本和实际利率计算确定的利息费用，应当在发生时计入财务费用。

3. 油气资产的后续计量（折耗、转让、减值）

（1）油气资产的折耗。

油气资产属于递耗资产。油气资产的折耗，是指油气资产随着当期开发进展而逐渐转移到所开采产品（油气）成本中的价值。根据我国《企业会计准则》的规定，未探明矿区权益不计提折耗。

企业应当采用产量法或年限平均法对油气资产计提折耗。企业选用的油气资产折耗方法，一经选定，不得随意变更。

①产量法，又称单位产量法。该方法是以单位产量为基础对探明矿区权益的取得成本和井及相关设施成本计提折耗。采用该方法对油气资产计提折耗时，矿区权益应以探明经济可采储量为基础，井及相关设施以探明已开发经济可采储量为基础。折耗额可按照单个矿区计算，也可按照若干具有相同或类似地质构造特征或储层条件的相邻矿区所组成的矿区组计算。

②年限平均法，又称直线法。该方法将油气资产成本均衡地分摊到各会计期间。采用该方法计算的每期油气资产折耗金额相等。

（2）油气资产的转让。

对于油气企业来说，油气资产的转让主要是转让矿区权益。

①转让探明矿区权益。

转让探明矿区权益，分为转让全部探明矿区权益和转让部分探明矿区权益两种。企业转让全部探明矿区权益的，应当将转让所得与矿区权益账面价值的差额计入当期损益。转让部分探明矿区权益的，按照转让权益和保留权益的公允价值比例，计算确定已转让部分矿区权益账面价值，转让所得与已转让矿区权益账面价值的差额计入当期损益。

②转让未探明矿区权益。

企业转让单独计提减值准备的全部未探明矿区权益的，应当将转让所得与未探明矿区权益账面价值的差额计入当期损益。转让单独计提减值准备的部分未探明矿区权益的，如果转让所得大于矿区权益账面价值，将其差额计入当期损益；如果转让所得小于矿区权益账面价值，以转让所得冲减矿区权益账面价值，不确认损益。

企业转让以矿区组为基础计提减值准备的未探明矿区权益的，如果转让所得大于矿区权益账面原值，将其差额计入当期损益；如果转让所得小于矿区权益账面原值，以转让所得冲减矿区权益账面原值，不确认损益。转让该矿区组最后一个未探明矿区的剩余矿区权益时，转让所得与未探明矿区权益账面价值的差额，计入当期损益。

(3) 油气资产的减值。

在资产负债表日，对于油气资产也要进行减值测试。矿区权益和井及相关设施都有可能发生减值。但是，对于矿区权益，应区分探明矿区权益和未探明矿区权益分别进行测试，而井及相关设施可以和探明矿区权益采用一样的方法。

探明矿区权益和井及相关设施的减值按照《企业会计准则第8号——资产减值》进行处理。具体来说，企业应当在发生减值迹象时，计算探明矿区权益和井及相关设施的可收回金额。如果油气资产的可收回金额高于其账面价值，则说明油气资产没有发生减值，不需要计提油气资产减值准备。如果油气资产的可收回金额低于其账面价值，则说明油气资产发生了减值，企业应当按照油气资产的可收回金额低于其账面价值的差额，计提油气资产减值准备。

对于未探明矿区权益，应当至少每年进行一次减值测试。单个矿区取得成本较大的，应当以单个矿区为基础进行减值测试，并确定未探明矿区权益减值金额。单个矿区取得成本较小且与其他相邻矿区具有相同或类似地质构造特征或储层条件的，可按照若干具有相同或类似地质构造特征或储层条件的相邻矿区所组成的矿区组进行减值测试。未探明矿区权益公允价值低于账面价值的差额，应当确认为减值损失，计入当期损益。按照矿区组进行减值测试并计提减值准备的，确认的减值损失不分摊至单个矿区权益的账面价值。

未探明矿区权益减值损失一经确认，不得转回。

（三）保险会计

1. 保险公司的主要业务

(1) 保险的经营业务。

保险的经营业务指保险公司开展的各种各样的保险业务。根据《中华人民共和国保险法》（以下简称《保险法》）的规定，保险公司可直接承保的原保险业务有财产保险和人身保险。另外，为分散风险，稳步发展，许多保险公司都将其原保险业务进行再保险，财产保险、人身保险和再保险是我国保险公司的主要经营业务。

财产保险和人身保险是具有不同性质的保险。按照国际保险业的惯例，这两种业务不能由同一家保险公司同时经营。我国《保险法》规定，同一保险公司不得同时兼营财产保险和人身保险，这就是所谓的“保险分业经营”。保险分业经营是国际保险业长期实践的结果，从理论上讲其理由也是很充分的，归纳起来最重要的原因在于，财产保险的期限一般较短，风险具有不确定性，财产保险基金只适合于短期投资，以便应付可能随时发生的巨额财产损失；而人身保险的期限一般较长，其风险具有相对稳定性，人身保险基金比较适合于长期投资。如果兼营两种业务，保险公司很容易忽视两种基金的性质，进行交叉投资、交叉使用，从而造成保险公司财务上的混乱，严重时会影响保险公司的理赔质量，给保险公司的信誉和发展造成不良影响。

保险的经营业务一般包括保险的展业、承保和理赔几大业务环节。简单地讲，保险的展业就是指宣传保险，争取让人们参加保险的过程；保险的承保就是指保险人和投保人对保险合同进行协商，进而签订保险合同的过程；保险的理赔就是指保险人受理出险合同的过程。

（2）保险资金运用业务。

保险资金运用业务指保险公司在经营过程中，将不断聚集的资金部分地用于投资以使保险公司的资金不断增值的过程。保险公司的经营业务决定了保险公司在展业过程中将不断地积累保险基金，与金融业一样，保险基金的保值、增值是保险公司健康发展的重要保证。保险资金的运用业务主要包括保险资金的投资业务、贷款业务、拆借业务、证券回购业务等。简单地讲，投资业务就是将闲置的保险资金用于股票、债券和基金等方面的投资活动；贷款业务就是保险公司对外进行贷款的业务；拆借业务就是指保险公司与其他金融、保险公司之间的临时资金融通业务；证券回购业务就是指保险公司在银行间同业市场进行中国人民银行批准的证券回购业务。

2. 保险公司主要业务的特点

（1）经营产品的无形性。

保险公司经营的产品是无形的，因此它不需要任何生产车间和仓库，只需要拥有必要的办公设备和一批精于经营保险的队伍。

（2）经营产品的风险性。

风险的客观存在是保险产生和发展的前提条件之一，没有风险就没有保险。可以说，保险业是一个经营风险的行业，它通过承保其他风险管理手段所无法处置的巨大风险来为社会提供风险管理服务，世界上有80%以上的风险是通过保险公司承保的。保险公司应当通过精算合理设置保险产品，精心选择保险合同，力争既能服务于社会，又能不断生存壮大。

（3）资金营运的重要性。

大中型保险公司收取的保费是非常可观的，而且一般在短期内不会进行赔偿或给付，把这部分暂时闲置的保险资金合理地加以利用，对保险公司来说是非常重要的。在西方发达国家，保险资金已经成为金融市场上举足轻重的力量。正因为如此，保险公司的资金运用业务比一般企业的资金运用业务重要得多。在会计处理上，保险资金运用业务带来的利润与保险经营业务带来的利润同样被看成是主营业务利润。

3. 保险公司会计要素的特点

（1）资产方面。

与一般企业相比，保险公司流动资产具有存货少、存出分保准备金大的特点。保险公司经营的产品是无形的，所以其存货的比例必然小，一般只有少量的物料用品和低值易耗品。如果购进的物料用品直接计入费用，那么可能没有存货的核算。因为保险公司的经营风险较大，所以为增强其抵抗风险的能力，再保险公司往往就各类分保业务存储在原保险公司部分准备金，这就是存出分保准备金，属于流动性资产，分保业务结束，准备金收回。另外，由于保险公司可以开展借贷业务和资金拆借业务，所以其流动资产含有工商业等不涉及拆出资金和保户质押贷款等内容的核算。

在固定资产核算方面，保险公司会计的特殊性应该表现在各类保险公司存储在国家指定银行的资本保证金上。同样是因为保险公司的经营风险较大，所以为降低运营风险，我国《保险法》规定：“保险公司成立后，应当按照其注册资本总额的百分之二十提取保证金，存入金融监督管理部门指定的银行，除保险公司清算时用于清偿债务外，不得动用。”这样，存出资本保证金便构成了各类保险公司一项特殊的固定资产。

（2）负债方面。

与一般行业相比，保险公司负债的特殊性主要表现在各种保险准备金的核算上，这些准备金是保险公司为履行未来赔偿或给付责任而从保费中提取出来的，主要包括未决赔款准备金、未到期责任准备金、长期责任准备金、寿险责任准备金、长期健康险责任准备金、保险保障基金等。另外，因借贷和保险往来业务所形成的拆入资金、应付分保账款、存入分保准备金、应付保户利差、保户储金等也是保险公司所特有的负债。

（3）所有者权益方面。

与一般行业相比，保险公司所有者权益的特殊性表现在总准备金的核算上。为确保生存能力和健康发展，保险公司应按有关规定从税后利润中提取总准备金。总准备金应当按照有关规定提留和使用。

（4）损益方面。

保费收入的记账基础有所不同。财产保险收入一般以权责发生制为记账基础，但寿险收入往往采用修正的收付实现制为记账基础，即平时采用收付实现制，年末结算时采用权责发生制。

期间费用的核算有所不同。目前，我国保险公司比较流行的做法是，设置“销售费用”、“利息收入”、“利息支出”和“汇兑损益”几个账户来核算保险公司在经营过程中发生的各项营业费用、管理费用和财务费用。在这方面，与一般工商业的不同之处表现在，保险公司的管理费用一般通过“营业费用”账户来核算，财务费用一般分解为“利息收入”、“利息支出”和“汇兑损益”3个账户。

会计结算年度和业务结算年度并用。通常情况下，保险公司的长期责任险、再保险业务以外的保险业务按会计年度结算损益，即实行一年期结算损益，具体地说，就是保险业务的各项收支，不分哪个业务年度，均按收付实现制确认为当期的收入和费用，并确认当期损益。长期责任险和再保险等业务按业务年度结算，即实行多年期结算损益，具体地说，就是非结算年度的收支差额，全额作为长期责任准备金提存，不确认利润，并于次年转回滚存到结算年度终了时结算损益。

保险公司利润的构成和内容与一般行业有所不同。保险公司的主营业务利润和营业利润的构成内容与其他工商业相比都有所不同。

4. 保险公司财务报表特点

一般行业的利润表只有1张表，而保险公司的利润表有3张表，即财产保险公司利润表、人寿保险公司利润表和再保险公司利润表。保险公司是一个非常特殊的行业，国家要求财产保险、人寿保险和法定再保险必须分业经营，这是因为不同险种之间的差别很大。从会计核算的角度上看，各类保险业务保费收入的确认、费用的构成和准备金的提存等都有差别，影响承保利润的因素并不相同，因此只有将3种业务分设3张报表才能清晰地反映各自承保利润的构成，同时也便于各保险公司进行财务分析。

另外，保险公司利润表的构成比较特殊。首先，主营业务利润的构成不同。其他行业主营业务利润一般由主营业务收入减去主营业务成本和主营业务税金及附加后得出，而保险公司的主营业务利润即承保利润，是由保险业务收入减保险业务支出和准备金提转差后得出，其中保险业务支出的内容非常广泛，包括赔款支出、给付支出、手续费支出、佣金支出、营业费用及提取的保险保障基金等。与其他行业相比，这里的不同之处在于：保险公司在计算主营业务利润时，包括管理费用在内的营业费用项目被扣除了。此外，它还需要扣除保险公司特有的“准备金提转差”项目。其次，营业利润的构成不同。其他行业营业利润一般由主营业务利润加其他业务利润减期间费用后得出，而保险公司营业利润是由承保利润加其他业务利润和投资取得的收益构成。与其他行业相比，这里的差别在于：在其他行业，投资取得的收益是利润总额的组成内容，但不构成营业利润；而在保险公司，投资收益构成了营业利润的内容，这应该是保险资金的运用业务在保险公司经营中占有特别重要的位置所致。

5. 财产保险、人身保险和再保险的比较

（1）财产保险与人身保险的比较。

财产保险和人身保险都属于原保险。财产保险通常具有补偿性质，即照价赔偿损失。而人身保险中最重要的人寿保险是以人的生命为保险标的的，人的生命难以用价值来衡量，因此人身保险通常不具有价值补偿性，其特点表现在：期限一般较长；具有储蓄性质；不存在超额投保、重复保险和代位求偿权的问题。

（2）原保险与再保险的比较。

再保险是保险公司之间的一种业务经营活动。再保险业务只涉及原保险公司和再保险公司两个当事人，与投保人之间没有任何关系。投保人将保费按保险合同规定交给原保险人，出险时直接向原保险人索赔，原保险人理赔以后，凡是已经进行分保的业务，日后应按分保合同规定要求分保接受人分摊部分赔款（摊赔）。

再保险合同是独立合同。原保险合同是再保险合同的基础，没有原保险合同就不能有再保险合同，但再保险合同与原保险合同没有任何继承关系，因为除法定分保外，再保险业务是保险公司自愿进行的。

再保险合同是双务合同。双务是指在再保险业务中，原保险公司作为分散风险、分出保险责任的一方，有向分入公司支付再保险费的义务，而再保险公司对于原保险公司发生的再保险合同范围内的赔款有摊赔的义务。

再保险合同是补偿性合同。再保险合同与财产保险合同一样都是补偿性质的，而人身保险合同具有给付性质。

6. 保险责任准备金的核算

（1）未决赔款准备金的核算。

未决赔款准备金是指保险公司在会计期末为其本已发生的保险事故应付未付赔款所提存的一种资金准备，一般包括已发生已报案未决赔款准备金、已发生未报案未决赔款准备金和理赔费用准备金等。未决赔款准备金的核算主要包括准备金的提取和调整两部分内容。为核算未决赔款准备金，企业应当设置“保险责任准备金——未决赔款准备金”、“提取保险责任准备金——提取未决赔款准备金”等会计科目。

（2）未到期责任准备金的核算。

未到期责任准备金，又称保费准备金，是指损益核算期在一年以内（含一年）的财产险，为承担跨期责任而提存的准备金。为核算未到期责任准备金，企业应当设置“未到期责任准备金”和“提取未到期责任准备金”等会计科目。

（3）寿险和长期健康险责任准备金的计算。

寿险责任准备金是为履行未到期的保险责任，从寿险保费中提取的专项基金。长期健康险是介于短期健康险和普通寿险之间的一类业务，其责任准备金类似于寿险责任准备金的性质。为核算寿险责任准备金和长期健康险责任准备金，保险公司应分别设置“保险责任准备金——寿险责任准备金”、“提取保险责任准备金——提取寿险责任准备金”、“保险责任准备金——长期健康险责任准备金”和“提取保险责任准备金——提取长期健康险责任准备金”等会计科目。

7. 分出业务和分入业务的核算方法

分出业务和分入业务是再保险会计核算中的两大主要业务。分出业务是指分保分出人因再保险而形成的各项业务。对于分保分出人而言，再保险业务的程序主要包括再保险人的选择、最优再保险方案的确定、再保险合同的签订、赔款合同及分保账单的编制与发送等。再保险合同生效以后，保险公司的会计部门应根据定期编制的分保账单进行会计处理。根据《企业会计准则——应用指南》的规定，分保分出业务应通过“分出保费”、“应付分保账款”、“赔付支出”、“分出保费”、“摊回保险责任准备金”、“摊回分保费用”、“摊回赔付支出”等账户核算。

分入业务是指再保险接受人因再保险而形成的各种业务。就分保接受人而言，再保险业务的程序主要包括受理分保建议、研究最优分保方案、签订分保合同、审核赔款账单、分保账单及会计处理等。再保险合同生效后，分入公司的会计部门应根据分出公司编制的分保账单等进行分保业务收支的会计处理并提存责任保险金。

根据《企业会计准则——应用指南》的规定，分保分入业务应通过“保费收入”、“应收分保账款”、“赔付支出”、“分保费用”等账户核算。

四、练习题

（一）单项选择题

1. 生物资产出售、盘亏或死亡、毁损时，应当将处置收入扣除其账面价值和相关税费后的余额计入(　　)。

A. “资本公积”　　B. “固定资产清理”

C. “投资收益”　　D. “当期损益”

2. “生物性在建工程”账户的借方余额在减去“生物性在建工程减值准备”账户贷方余额后，记入资产负债表中的(　　)项目中。

A. “在建工程”　　B. “固定资产”

C. “固定资产原值”　　D. “生物性在建工程净值”

3. 企业应当在附注中披露与生物资产有关的信息，不包括的是(　　)。

A. 生物资产的类别

B. 用于担保的生物资产的账面价值

C. 单独列示于存货中的消耗性生物资产的金额

D. 天然起源生物资产的类别、取得方式和实物数量

4. 生物资产改变用途后的成本，应当按照改变用途时的(　　)确定。

A. 账面价值　　B. 公允价值

C. 天然价值　　D. 名义价值

5. 公益性生物资产，是指以防护、环境保护为主要目的的生物资产，以下不属于公益性生物资产范围的是(　　)。

A. 防风固沙林　　B. 水土保持林

C. 水源涵养林　　D. 经济林、薪炭林

6. 下列事项在发生减值时，不执行资产减值准则的是(　　)。

A. 消耗性生物资产　　B. 固定资产

C. 无形资产　　D. 长期股权投资

7. 下列各项中，依据企业所得税法相关规定可计提折旧的生物资产是(　　)。

A. 经济林　　B. 防风固沙林

C. 用材林　　D. 存栏待售的牲畜

8. 不属于油气行业上游活动的是(　　)。

A. 油气勘探活动　　B. 油气开发活动

C. 油气开采活动　　D. 油气炼制活动

9. 通过非货币性资产交换（假定具有商业实质）取得的矿区权益一般应(　　)。

A. 按照换出资产的公允价值加上相关税费作为其入账价值

B. 按照换入矿区权益的公允价值加上相关税费作为其入账价值

C. 按照换出资产的账面价值加上相关税费作为其入账价值

D. 按照换入矿区权益的账面价值加上相关税费作为其入账价值

10. 属于未发现探明经济可采储量的钻井勘探支出，应作的会计处理为( )。

A. 借：管理费用
　　贷：油气勘探支出

B. 借：油气资产
　　贷：油气勘探支出

C. 借：油气开发支出
　　贷：油气勘探支出

D. 借：勘探费用
　　贷：油气勘探支出

11. 某油气企业某项油气资产的预计弃置费用为130万元，假定经折现后的现值为100万元，则在该油气资产初始计量时，油气资产和预计负债的入账价值分别为( )。

A. 130万元和130万元　　B. 130万元和100万元

C. 100万元和130万元　　D. 100万元和100万元

12. 不计提折耗的油气资产是( )。

A. 探明矿区权益　　B. 未探明矿区权益

C. 油气勘探形成的油气资产　　D. 油气开发形成的油气资产

13. 保险公司追回的骗赔款应记入( )科目。

A. "其他业务收入"　　B. "保费收入"

C. "骗赔款收入"　　D. "追偿款收入"

14. 保费的制定应遵循的重要原则是( )。

A. 公平性原则　　B. 合理性原则

C. 收支相等原则　　D. 效益性原则

15. 财产保险赔款支出的原则是( )。

A. 定额给付　　B. 在保险金额范围内补偿损失

C. 实报实销　　D. 足额补偿

16. 人寿保险业务一般( )结算损益。

A. 按自然年度　　B. 按业务年度

C. 按自然年度或业务年度　　D. 不能

17. 财产保险支付的退保款应记入( )科目。

A. "其他业务收入"　　B. "保费收入"

C. “退保金”　　　　　　D. “分保费收入”

（二）多项选择题

1. 按生物资产的成长特征又可划分为(　　)。

A. 成熟生产性生物资产　　B. 消耗性生物资产

C. 生产性生物资产　　D. 未成熟生产性生物资产

E. 公益性生物资产

2. 我国生物资产准则充分考虑我国公益性生物资产数量较多、国有农场等实际情况，将生物资产分为(　　)。

A. 成熟生产性生物资产　　B. 消耗性生物资产

C. 生产性生物资产　　D. 未成熟生产性生物资产

E. 公益性生物资产

3. 生物资产的确认条件应同时包括(　　)。

A. 企业因过去的交易或者事项而拥有或者控制的资产

B. 资产中所包含的经济利益或服务潜能很可能流入企业

C. 该资产的成本能够可靠地计量

D. 所有权必须归本企业所有

4. 以下各项中不计提减值准备的包括(　　)。

A. 生产性生物资产　　B. 消耗性生物资产

C. 公益性生物资产　　D. 以成本模式计量的生物资产

E. 以公允价值模式计量的生物资产

5. 生产性生物资产收获的农产品成本，按照产出或采收过程中发生的材料费、人工费和应分摊的间接费用等必要支出计算确定。在将其账面价值结转为农产品成本时，可以采用的方法有(　　)。

A. 加权平均法　　B. 个别计价法

C. 蓄积量比例法　　D. 轮伐期年限法

E. 后进先出法

6. 下列资产不能作为企业存货的是(　　)。

A. 委托代销商品　　B. 受托代销商品

C. 消耗性生物资产　　D. 企业承诺的订货

7. 石油天然气的生产活动包括(　　)。

A. 油气勘探阶段　　B. 油气开发阶段

C. 油气开采阶段　　　　　　D. 油气炼制阶段

E. 油气取得阶段

8. 划分矿区是油气开采会计的基础工作，因为矿区是(　　)。

A. 确定油气资产的基础　　　　B. 计提油气资产折耗的基础

C. 进行减值测试的基础　　　　D. 转让矿区权益的基础

E. 会计核算时科目设置的基础

9. 以下各项中，应当计入油气资产价值的有(　　)。

A. 申请取得或购买取得矿区权益发生的支出

B. 在矿区权益取得后发生的探矿权使用费、采矿权使用费和租金等维持矿区权益的支出

C. 发现了探明经济可采储量的钻井勘探支出

D. 油气开发活动所发生的支出

E. 矿区废弃时发生的拆卸、搬移、场地清理等支出

10. 油气企业应当在附注中披露与石油天然气开采活动有关的信息包括(　　)。

A. 拥有国内和国外的油气储量年初、年末数据

B. 当期在国内和国外发生的矿区权益的取得、油气勘探和油气开发各项支出的总额

C. 探明矿区权益、井及相关设施的账面原值，累计折耗和减值准备累计金额及其计提方法

D. 与油气开采活动相关的辅助设备及设施的账面原价，累计折旧和减值准备累计金额及其计提方法

E. 企业承担的矿区废弃处置义务

11. 在资产负债表日，应当考虑计提减值准备的资产有(　　)。

A. 探明矿区权益　　　　　　B. 未探明矿区权益

C. 井及相关设施　　　　　　D. 单井及单项资产

E. 辅助设备与设施

12. 人寿保险应提存的准备金包括(　　)。

A. 未决赔款准备金　　　　　B. 未到期责任准备金

C. 长期责任准备金　　　　　D. 寿险责任准备金

13. 保险公司可以开展的资金运用业务主要包括(　　)。

A. 资金拆借　　B. 股票投资

C. 证券回购　　D. 质押贷款

14. 人寿保险属于(　　)。

A. 长期保险　　B. 补偿性保险

C. 给付性保险　　D. 储蓄性保险

15. 保险分摊原则适用于(　　)。

A. 原保险　　B. 财产险

C. 再保险　　D. 人寿保险

16. 下列业务中应当进行再保险的有(　　)。

A. 财产保险　　B. 人寿保险

C. 医疗保险　　D. 人身意外险

17. 保险资金运用的原则是(　　)。

A. 安全性　　B. 合法性

C. 效益性　　D. 合理性

(三) 判断题

1. 消耗性生物资产郁闭前的相关支出应予资本化，郁闭后的相关支出计入当期费用。(　　)

2. 天然起源的生物资产的成本，应当按照名义金额确定。名义金额为 1 元。(　　)

3. 对生物资产减值的会计处理，准则没有采用资产减值准则中与其他资产相同的有关减值迹象的判断标准来进行减值测试的方法。这主要是考虑到生物资产与其他资产相比具有显著的特点，即生物资产本身具有自我生长性，有时短暂的减值可能会通过以后的自我生长而得以恢复其价值。(　　)

4. 收获时点的农产品的成本应当采用规定的方法，分别从消耗性生物资产、生产性生物资产的生产成本中转出，确认为收获时的农产品的成本。(　　)

5. 生产性生物资产收获的农产品成本，按照产出或采收过程中发生的材料费、人工费和应分摊的间接费用等必要支出计算确定，并采用加权平均法、个别计价法、蓄积量比例法、轮伐期年限法等方法，将其账面价值结转为农产品成本。相关的会计处理是借记“农业生产成本”

科目，贷记“农产品”科目。（　　）

6. 林木类消耗性生物资产达到郁闭后发生的管护费用等后续支出，借记“消耗性生物资产”科目，贷记“银行存款”等科目。（　　）

7. 生物资产准则对收获时点的农产品的会计处理进行了规范，应按规定的方法，从消耗性生物资产或生产性生物资产生产成本中转出，确认为收获时点的农产品成本；而收获时点之后的农产品的加工、销售等会计处理，应当适用《企业会计准则第1号——存货》。（　　）

8. 从广义上来看，油气生产成本包括取得、勘探、开发和生产的所有成本。（　　）

9. 钻井勘探支出已费用化的探井又发现了探明经济可采储量的，已费用化的钻井勘探支出应调整予以资本化。（　　）

10. 在钻井勘探阶段，未能确定该探井是否发现探明经济可采储量的，应当在完井后将钻探该井的支出予以暂时资本化，而且最长时间不超过一年。（　　）

11. 企业转让单独计提减值准备的部分未探明矿区权益的，应当将转让所得与未探明矿区权益账面价值的差额，计入当期损益。如果转让所得小于矿区权益账面价值，以转让所得冲减矿区权益账面价值，不确认损益。（　　）

12. 油气资产减值损失一经确认，不得转回。（　　）

13. 非寿险原保险合同保费收入以分期收取为原则，以一次性收取为例外。（　　）

14. 长期健康险责任准备金应按自留保费的50%确认。（　　）

15. 存出保证金是再保险公司的一项资金来源。（　　）

16. 再保险合同是定额给付性质的合同。（　　）

17. 寿险原保险合同保费收入以分期收取为原则。（　　）

18. 摊回分保赔款是再保险公司的一项资金来源。（　　）

19. 根据《企业会计准则第25号——原保险合同》的规定，原保险合同分为长期合同和短期合同。（　　）

20. 根据国际保险业惯例，财产保险和人寿保险应该分业经营。

（　　）

21. 保险人应该在每个资产负债表日，按照保险精算的金额，重新

计算未到期责任准备金，并据此对原账面金额进行调整。（　）

22. 分保账单是再保险业务在会计核算时的原始凭据。（　）

（四）计算与账务处理题

1. 某企业自行繁殖的一批幼畜已经成年，后来转为产畜，该批幼畜在成年之前所发生的饲料费用、人工费用等成本为其账面价值 36 000 元（提示：本题中，自行繁殖的这批幼畜原计划作为瘦肉型畜准备出售）。

要求：根据上述资料，分别作相应的会计处理。

2. 某农场自行繁殖的一批种畜，一年之后种畜成熟，达到育种之时所发生的相关支出包括饲料费用 30 000 元，人工劳务费用 10 000 元，为维持种畜的生产能力，发生相关的各项费用共计 20 000 元。5 年后种畜失去生产能力，其残值为 1 500 元，但在市场上的公允价值为2 500 元。

要求：根据上述资料，作相应的会计处理。

3. 中国石油天然气集团公司所属某子公司通过债务重组和非货币性资产交换取得两处矿区权益：

（1）2×14 年 5 月 10 日，销售一批产品给甲公司，开出的增值税专用发票上注明的销售价款为 4 000 000 元，增值税销项税额为 680 000 元；产品已发出，款项尚未收到。2×14 年 8 月 10 日，甲公司由于遭受自然灾害，资金周转困难，无法按合同规定偿还债务，经双方协议，该公司同意甲公司用某矿区权益抵偿债务，矿区权益的公允价值为 4 800 000元。假设该公司在接受矿区权益过程中发生相关运杂费20 000 元，以银行存款支付；该公司没有为该项应收账款计提坏账准备；债务重组交易过程没有发生除运杂费以外的其他相关税费。

（2）经有关部门批准，该公司决定以固定资产交换乙公司的某矿区权益。固定资产的原值为 5 000 000 元，已提折旧为 1 000 000 元，已提减值准备为 500 000 元，公允价值为 4 200 000 元。该公司支付了固定资产的运输费用 10 000 元。

要求：根据上述资料，对两项业务进行会计处理。

4. 甲公司主要从事石油天然气的生产和销售。2×14 年 12 月 31 日，甲公司某油气井达到预定可使用状态并投入使用，预计使用寿命为 15 年。根据有关法律规定，甲公司在该油气井使用寿命届满时应对环境进行复原，预计发生弃置费用 2 000 000 元。甲公司采用的折现率为 10%。

要求：对甲公司该项弃置费用进行会计处理。

5. 2×14 年 12 月 31 日，甲公司已探明矿区权益账面价值为 2 100 000元。探明矿区当期产量为 210 万吨，探明矿区期末探明经济可采储量为 590 万吨。

要求：计算甲公司当期的折耗额并进行会计分录。

6. 就下面业务编制会计分录：

（1）收到某企业团体养老保险金 28 500 元，存入银行。

（2）收到保户预交款 54 000 元。

（3）某简易人寿保险保户因病死亡，经业务部门审核同意给付 4 500元保险金，经核查该保户当月有 70 元保费尚未缴纳。

（4）某保户投保终身年金保险，每月缴纳保费 350 元，现已到年金约定领取年龄。该投保人持有关证件向本公司按月领取保险金 700 元，保险公司以现金支付。

（5）某保户因工作关系调动，需要转移养老保险关系，经查明，该保户当年已交保费 1 000 元，以前年度保费已提取寿险责任准备金 8 000元。保险公司已办理有关手续，并以银行存款支付有关款项。

（6）某简身险保户因经济困难要求退保，经业务部门审核，应退保费 25 000 元。该保户尚欠保费 2 000 元。

（7）某房地产公司为员工投保人身意外伤害保险。某次外出游玩时，一员工不幸身亡，保险公司按定额保险金 30 000 元给付。

（8）某长期健康险的投保人因患胃癌向保险公司申请给付保险金，保险公司按合同规定给付 8 万元，扣除尚未缴纳的保费 5 000 元，该保户实得保险金 75 000 元。

（9）某游乐场代游客投保人身意外伤害保险。某日发生了两笔业务：①随着游乐票收保费 6 000 元，交给保险公司；②一位游客游玩中发生了意外，保险公司赔付了 850 元医疗费。

（10）月末，提存寿险责任准备金 8 000 万元，转回上期提存的寿险责任准备金 7 500 万元；提存长期健康险责任准备金 1 700 万元，转回上期提存长期健康险责任准备金 1 650 万元；提存未到期责任准备金

1 520 万元，转回上期提存未到期责任准备金 1 480 万元。

（11）收到业务部门交来的支票和基本财产保险日报，共计35 000元。

（12）某企业投保的财产综合险出险，因保险双方对实际损失的确认存在争议，一时难以结案，因此保险公司先预付 40 万元。结案后，又补付 20 万元。

（13）在警方的协助下，某保险公司侦破了一起骗赔保费的案件，追回被骗赔的保费 15 万元，已入账。

（14）计提未决赔款准备金：已发生未报案的未赔付案件准备金按当年实际赔款支出 600 万元的 4% 计提；已决尚未赔付案件准备金按预计实际赔款额 400 万元计提，同时转回上期提存的未决赔款准备金 350 万元。

（15）按自留保费的 50% 计提未到期责任准备金。当年的保费收入 9 000 万元，分保费收入 300 万元，分出保费 270 万元。

（16）某施工企业 2×12 年 5 月投保工程险，保险期限 2 年，2×14 年 5 月合同结束。合同中确认的保费为 20 万元。保险公司 2×12 年收到保费 10 万元，没有赔款支出；2×13 年收到保费 8 万元，赔款支出 3 万元；2×14 年收到保费 2 万元，没有赔款支出。

（17）甲保险公司对火险业务采用合同成数分保方式安排分保（自留额为 80%，分出额为 20%），分保分入人是乙再保险公司。该再保险公司接受分保的总额为 15%。甲保险公司某年的分保账单见表 10-1。

表 10-1 **分保账单** 单位：万元

借方		贷方	
项目	金额	项目	金额
分保手续费	450	分保费	1 800
分保赔款	1 200	保费准备金返还	480
保费准备金扣存	720	赔款准备金返还	240
赔款准备金扣存	270	准备金利息	45
税款及杂项	168		
应付你方金额		应收你方金额	243
小计	2 808	小计	2 808
备注			
未决赔款：80			

就甲和乙两家保险公司的再保险业务分别编制会计分录。

（18）M再保险公司自2×12年开始营业，结算损益期为3年，2×12—2×14年分入火险的明细分类核算见表10-2、表10-3和表10-4。

表10-2　**火险营业明细表（一）**

2×12年　编制单位：万元

会计科目	分入业务年度		年终营业报表数
	2×12	—	
分保费收入	270	—	270
分保赔款支出	135	—	135
分保费用支出	18	—	18
提存长期责任准备金	117	—	117

表10-3　**火险营业明细表（二）**

2×13年　编制单位：万元

会计科目	分入业务年度		年终营业报表数
	2×12	2×13	
转回长期责任准备金	117	—	117
分保费收入	180	351	531
分保赔款支出	198	189	387
分保费用支出	21.6	54	75.6
提存长期责任准备金	77.4	108	185.4

表10-4　**火险营业明细表（三）**

2×14年　编制单位：万元

会计科目	分入业务年度			年终营业报表数
	2×12	2×13	2×14	
转回长期责任准备金	77.4	108	—	185.4
分保费收入	90	540	900	1 530
分保赔款支出	99	432	270	801
分保费用支出	19.8	45	144	208.8
提存长期责任准备金	—	171	486	657
提存未到期责任准备金	28.9	—	—	28.9

要求：

根据上述资料编制M公司2×12年、2×13年和2×14年有关长期责任准备金的会计分录。

五、案例

案例 10–1

某林场的一片林带被国家确定为国家级风景林，为了建设好此处的风景，国家特拨款 1 000 万元，用以购买一批珍贵的树苗。此外发生补植林木支出 20 万元。另外，林场获得了一片天然起源的森林，经评估的公允价值为 80 万元，名义金额为 1 元。作相应的会计处理。

案例提示

（1）企业获得国家拨款 1 000 万元。

借：银行存款　　10 000 000

　贷：专项应付款　　10 000 000

（2）企业利用国家拨款支付树苗费用 1 000 万元。

借：公益性生物资产　　10 000 000

　贷：银行存款　　10 000 000

借：专项应付款　　10 000 000

　贷：资本公积　　10 000 000

（3）补植林木支出 20 万元。

借：公益性生物资产　　200 000

　贷：银行存款　　200 000

（4）获得的天然起源林，按名义金额人民币 1 元确认。

借：公益性生物资产　　1

　贷：营业外收入　　1

案例 10–2

2×14 年 2 月，甲农业企业从市场上一次性购买了 6 头种牛、15 头种马和 600 头羊苗，单价分别为 4 000 元、1 400 元和 250 元，支付的价款共计 195 000 元。此外，发生的运输费为 4 500 元，保险费为 3 000 元，装卸费为 2 250 元。款项全部以银行存款支付。确定应分摊的运输费、保险费和装卸费以及种牛、种马和羊苗的入账价值，并作相应的会计处理。

案例提示

（1）确定应分摊的运输费、保险费和装卸费。

分摊比例=（4 500+3 000+2 250）÷195 000×100%=5%

因此，

6 头种牛应分摊的运输费、保险费和装卸费=6×4 000×5%=1 200（元）

15 头种马应分摊的运输费、保险费和装卸费=15×1 400×5%=1 050（元）

600 头羊苗应分摊的运输费、保险费和装卸费=600×250×5%=7 500（元）

（2）确定种牛、种马和羊苗的入账价值。

6 头种牛的入账价值=6×4 000+1 200=25 200（元）

15 头种马的入账价值=15×1 400+1 050=22 050（元）

600 头羊苗的入账价值=600×250+7 500=157 500（元）

（3）甲农业企业的账务处理如下：

借：生产性生物资产——种牛	25 200	
——种马	22 050	
消耗性生物资产——羊苗	157 500	
贷：银行存款		204 750

案例 10-3

2×14 年 8 月，甲企业的橄榄园曾遭受过一次台风袭击，12 月 31 日甲企业在对橄榄园进行检查时认为可能发生减值。该橄榄园销售净价总额为 1 000 000 元，尚可使用 5 年，预计在未来 5 年内产生的现金净流量分别为 400 000 元、360 000 元、320 000 元、250 000 元、200 000 元（其中 2×14 年的现金流量已经考虑使用寿命结束时进行处置的现金净流量）。在考虑有关风险的基础上，甲企业决定采用 5% 的折现率。该橄榄园 2×14 年 12 月 31 日的账面价值为 1 600 000 元，以前年度没有计提减值准备。作相关的账务处理。

案例提示

有关计算过程见表 10-5。

由于未来现金流量现值 1 346 271 元大于销售净价 1 000 000 元，因此该橄榄园的可收回金额为 1 346 271 元。

应计提的减值准备=1 600 000-1 346 271=253 729（元）

甲企业的账务处理如下：

表 10-5　**甲企业生物资产未来现金流量现值计算表**　金额单位：元

年度预计未来现金流量	折现率（%）	现值系数	现值
未来第 1 年 400 000	5	0.9524	380 960
未来第 2 年 360 000	5	0.9070	326 520
未来第 3 年 320 000	5	0.8638	276 416
未来第 4 年 250 000	5	0.8227	205 675
未来第 5 年 200 000	5	0.7835	156 700
合计			1 346 271

借：资产减值损失——生产性生物资产（橄榄）　253 729

　贷：生产性生物资产减值准备——橄榄　253 729

案例 10-4

甲公司是老牌大型国有企业，已有 60 多年历史，因市政建设刚从主城区搬迁到市郊。某税务检查组至甲公司例行检查。甲公司在老厂区时一直是绿化先进单位，绿化面积很大，厂区内有许多名贵树种，还有专门培育花木盆景的花房，里面有许多极具艺术价值和收藏价值的花木园艺盆景。检查员小陈多年前到甲公司检查过，而且参观过花房。尽管新厂区种植了许多树木和花草，但绝没有老厂区那种自然和悠闲的氛围。小陈还惦记着花房的盆景，中午休息时提出要参观花房，但财务处长说新厂区没有建花房，于是小陈询问原来花房里许多盆景的处理情况，财务处长只是简单回答“不清楚”，小陈并未多想。

但检查中小陈发现甲公司账面上列支了近 100 万元的绿化费，职业怀疑态度让小陈联想到，新厂区的绿化远不及老厂区，却花费了 100 万元，那老厂区的绿化是不是应该值几百万元？想到这里，小陈立马询问了甲公司负责拆迁的张总。张总说，拆迁时有部分树木移栽到新厂区，其余的都交给了拆迁公司打包算拆迁补偿了；但小陈接着又问花房里的盆景是如何处理的，张总愣了一下说，因新厂区没有建花房，这些盆景没有要，但马上又改口说花房的部分小型盆景已搬到新厂区，其余的没有要。“‘没有要’是什么意思？”小陈追问。这次张总愣了一下，但他还是含糊地说好像也留给了拆迁公司，但小陈马上又说，张总是拆迁工作的负责人，价值如此大的资产怎么会不清楚是如何处理的呢？但张总仍坚持说留给拆迁公司算拆迁补偿了。小陈觉得靠回忆终究不是查证问题的根本，遂请张总拿出拆迁协议，但又发现协议上根本没有注明盆景如何处理。小陈认为没有注明就说明盆景没有被交给拆迁公司，但张总却说："不可能什么都在拆迁协议上注明，如果这样，难道每一棵树如何处理都要写在协议上吗?"这句话很有"说服力"，小陈一时无语。但是，小陈冷静后觉得张总在狡辩，因为他只是认为整个花房的盆景需在协议中说明如何处理，不是说明每一棵树、每一个盆景的处理问题，再说，高价值的盆景怎么就简单打包给了拆迁公司呢？如果每个被拆迁户都有遗留的资产交给拆迁公司处理，拆迁公司就要面对各种资产的处理，那么拆迁公司成什么了呢？小陈判断由拆迁公司处理盆景的可能性极小。根据拆迁协议上注明的开发商名称，小陈很快请开发商的经管税务机关协助查明，甲公司根本没有将盆景交给开发商和拆迁公司处理，只有极少数没有价值或无法移栽的树木在拆迁费中给予了补偿。

当小陈就查明的情况向张总说明后，张总只好承认了错误。原来，老厂区的树木和盆景除了一少部分被移栽到新厂区以及少数没有价值和无法移栽的树木外，其余的全部由一家花木公司打包收购，价值 280 万元，但甲公司将这 280 万元计入了小金库。最终，甲公司自然受到了应有的处罚。试就这一案例进行分析，并说明案例引发的启示。

案例提示

在日常生产经营中，许多非农业性质的企业每年多多少少都可能发生一些绿化费支出，特别是有一定历史的原国有或集体企业，成立时划拨的土地面积往往很大，每年投入的大量绿化费不仅都计入了管理费用，而且在税前全额给予了扣除。经年累月，这些企业形成的花木、盆景等生物资产实际上已经相当可观。但由于这些生物资产与企业的生产经营活动一般没有直接关系，再加上不管是原来的会计制度还是目前的会计准则，均没有要求对这些生物资产进行价值核算，也就使得这些资产不能在账面反映，进而形成账内资产。这样，一方面，不仅给这些资产的日常管理带来很大困难，而且极易造成这些生物资产的流失，常常使之成为企业用于交际或成为企业领导自家的花木盆景培育基地，一些企业甚至虚假购进花木，虚列成本，形成"年年栽树不见树，年年买花不见花"的情况；另一方面，如果企业发生搬迁、股权变化或清算等事项，则又极易使得企业对处置这些资产取得的收入不入账从而形成舞弊。这两个方面的问题不仅容易滋生违法和腐败行为，而且也严重影响了国家税收。

案例启示

（1）税务检查人员在检查中要充分关注企业列支绿化费的真实性，检查绿化费的具体内容，是否附有销售单位开出的明细清单，并根据明细清单进行核实。

（2）要特别关注处置这些资产的收入是否已经按规定计入企业账内并按章纳税，以堵塞税收漏洞。

（3）为有效实施税务管理和纳税检查，税务部门应要求企业建立生物资产备查簿，对购入的一定价值以上的生物资产造册登记，并落实责任人，这也是加强企业规范资产管理和健全企业内部控制的需要。

（4）《企业会计准则第5号——生物资产》规范的是与农业生产相关的生物资产的确认、计量和相关信息的披露。从会计准则的角度讲，生物资产是指与农业生产相关的有生命的（活的）动物和植物。但实际上，在许多非农业企业也有着有生命的（活的）动物和植物，如企业种植的树木、花草或饲养的牲畜等，而且这些生物资产基本上都游离于账外，处置这些资产一般都会给企业带来收益，但如果企业不将处置收益入账，则将形成舞弊并影响国家税收。

附录一 《高级财务会计》模拟试题

一、单项选择题（下列每小题的备选答案中，只有一个符合题意的正确答案。请将你选定的答案字母填入题后的括号中。本类题共10个小题，每小题1分，共10分。多选、错选、不选均不得分）

1. 在合并报表工作底稿中，合并数一栏提供的数字将构成合并报表所填列的数据。在计算以下项目的合并数时，需用工作底稿中相关项目的合计数栏数字加上调整与抵销分录栏的借方数字（或减去贷方数字）的项目是(　　)。

A. 资本公积　　B. 应付账款

C. 营业收入　　D. 营业外支出

2. 2×14年年初，A企业用银行存款5 000万元吸收合并非同一控制下的B企业，B企业被合并时可辨认净资产账面价值4 100万元、公允价值4 300万元。当年年末各资产及资产组没有发生减值，A企业合并前没有商誉。其他资料略，则年末A企业的资产负债表中“商誉”的报告价值为(　　)。

A. 900万元　　B. 700万元

C. 200万元　　D. 0

3. 根据我国现行会计准则，合并范围的确定应该以“控制”为基础。这里的“控制”(　　)。

A. 仅指投资公司对被投资公司的直接控制

B. 不包括投资各方对被投资公司的共同控制

C. 仅指投资公司有从被投资公司获取利益的权利

D. 仅指投资公司能够决定被投资公司的财务和经营政策

4. 非同一控制下的企业合并，控股合并的母公司在合并日应当编制的合并报表是(　　)。

A. 合并利润表　　B. 合并现金流量表

C. 合并资产负债表　　　　　D. 合并所有者权益变动表

5. 按照《企业会计准则第 19 号——外币折算》的规定，在进行外币会计报表折算时，下列各报表项目中应按照业务发生时的即期汇率折算的是(　　)。

A. 短期借款　　　　　B. 应收账款

C. 存货　　　　　D. 股本

6. 下列各项目中应该计入融资租入固定资产的入账价值的是(　　)。

A. 或有租金　　　　　B. 履约成本

C. 初始直接费用　　　　　D. 未确认融资费用

7. B 公司是 A 公司的境外子公司。B 公司某报告期末美元列报的资产负债表中，"存货"项目是按低于成本的可变现净值报告的；对其外币报表进行折算时，对该项目的折算采用的是取得存货时的即期汇率。据此可推断，该企业采用的外币报表折算方法只能是(　　)。

A. 货币与非货币项目法　　　　　B. 流动与非流动项目法

C. 现行汇率法　　　　　D. 时态法

8. 承租人分摊未确认融资费用时，对于未确认融资费用分摊额的计算，应采用(　　)。

A. 直线法　　　　　B. 年数总和法

C. 实际利率法　　　　　D. 加权平均法

9. 甲企业作为承租人租入一台设备，该设备全新时预计可使用 11 年，租出方已使用 1 年；甲企业的租赁期为 8 年；承租人租赁期满时将以 1 000 元的优惠价格购买该设备，而预计该设备在租赁期满时的公允价值为 30 万元，则甲企业对该设备计提折旧的期限为(　　)年。

A. 1　　　　　B. 2

C. 8　　　　　D. 10

10. A 公司采用人民币作为记账本位币，对外币业务采用交易发生日的即期汇率进行折算，按月计算汇兑差额。2×14 年 5 月 17 日进口商品一批，价款为 100 万美元，货款尚未支付，假设当日的即期汇率为 \$1 = ¥6.10，5 月 30 日市场汇率为 \$1 = ¥6.20，6 月 30 日市场汇率为 \$1 = ¥6.30，7 月 10 日支付货款，当日即期汇率为 \$1 = ¥6.40。如果采用“两笔交易观”，2×14 年 6 月末该库存商品在资产负债表中的报告价值为(　　)。

A. 610 万元人民币　　B. 620 万元人民币

C. 630 万元人民币　　D. 640 万元人民币

二、多项选择题（下列每小题的备选答案中，只有两个或两个以上符合题意的正确答案。请将你选定的答案字母按顺序填入题后的括号中。本类题共 10 个小题，每小题 2 分，共 20 分）

1. A 公司拥有甲、乙、丙、丁四家公司的具有表决权股份比例分别为 80%、70%、60% 和 50%，此外，甲公司拥有丁公司 20% 的具有表决权股份，拥有戊公司 30% 的具有表决权股份。应纳入 A 公司合并财务报表合并范围的有(　　)。

A. 甲公司　　B. 乙公司

C. 丙公司　　D. 丁公司

E. 戊公司

2. 下列关于合并报表的阐述中，不正确的有(　　)。

A. 合并报表由母公司编制

B. 合并报表编制过程的核心问题是资料加总

C. 合并报表与个别报表的编制方法基本相同

D. 以母公司和子公司个别报表为唯一编制依据

E. 合并报表的编制不一定需要会计准则来规范

3. 非同一控制下的控股合并交易发生以后，在股权取得日的合并资产负债表中，(　　)。

A. 必须确认合并商誉

B. 必须确认少数股东权益

C. 必须将母公司对子公司的股权投资价值予以抵销

D. 必须将子公司各项可辨认净资产按合并日公允价值报告

E. 必须使子公司的会计政策与母公司的会计政策保持一致

4. 集团内部母公司将自产的商品销售给子公司，后者作为固定资产使用。该内部资产交易的当年，合并报表工作底稿中与该内部交易有关的抵销分录包括(　　)。

A. 抵销当年多计提的折旧

B. 抵销以前年度累计多计提的折旧

C. 抵销固定资产价值中包含的未实现损益

D. 抵销内部固定资产交易的未实现损益对母公司营业利润的影响

E. 抵销内部固定资产交易的未实现损益对母公司营业外收入的影响

5. 根据我国有关企业合并的会计准则，合并财务报表包括(　　)。

A. 合并利润表　　B. 合并资产负债表

C. 合并利润分配表　　D. 合并现金流量表

E. 合并所有者权益变动表

6. 企业发生各类外币业务形成的折算差额，根据具体情况需要记入不同的会计科目，比如(　　)科目。

A. “公允价值变动损益”　　B. “外币折算差额”

C. “资产减值损失”　　D. “财务费用”

E. “在建工程”

7. 下列有关融资租赁资产的各种表述中，正确的有(　　)。

A. 承租人对租赁资产计提折旧　B. 承租人应分期确认融资费用

C. 承租人不必核算未担保余值　D. 承租人租期届满需返还资产

E. 承租人需按期支付或有租金

8. 根据甲、乙双方签订的专用设备租赁合同，相关的资产余值为10万元，甲企业（承租方）的母公司担保余值为5万元，财务担保公司担保余值为3万元。下列说法中正确的有(　　)。

A. 未担保余值为2万元

B. 相对于承租方的担保余值为5万元

C. 相对于出租方的担保余值为3万元

D. 相对于出租方的担保余值为8万元

E. 独立于租赁双方的第三方提供的担保余值为3万元

9. 下列有关外币业务的各种表述中，不正确的有(　　)。

A. 我国目前对外币商品购销业务采用的是“一笔交易观”

B. 期末调整外币账户时确认的汇兑损益都是未实现损益

C. 外币兑换业务中确认的汇兑损益是已实现损益

D. 外币非货币性账户期末一律不调整汇兑差额

E. 外币货币性账户期末必然有汇兑损益

10. 根据我国现行企业会计准则，企业对外币报表进行折算时，下列项目的折算需要采用资产负债表日的即期汇率的有(　　)。

A. 货币资金　　　　B. 应收账款

C. 短期借款　　　　D. 资本公积

E. 营业收入

三、判断题（本类题共 12 小题，每小题 1 分，共 12 分。请将你的判断结果填入题后的括号中。你认为正确的，填“√”；你认为错误的，填“×”。每小题判断结果符合标准答案的得 1 分，判断结果不符合标准答案的、不判断的均不得分）

1. 在合并会计报表工作底稿中编制的有关抵销分录不能作为记账的依据。(　　)

2. 根据我国企业会计准则，合并利润表中的合并净利润金额包括少数股东收益。(　　)

3. 合并现金流量表工作底稿不能与合并资产负债表、合并利润表工作底稿合并开设。(　　)

4. 权益法下，合并方在吸收合并中取得的被合并方的各项可辨认资产、负债，应当按其账面价值入账。(　　)

5. 子公司当年实现净收益当中属于少数股东应享有的份额即少数股东收益，必将增加企业集团的少数股东权益。(　　)

6. 外币报表折算差额是一种已实现汇兑损益。(　　)

7. 在我国境内的所有企业，都只能以人民币作为其记账本位币。(　　)

8. 企业租入资产的改良支出无论金额大小均须确认为“长期待摊费用”。(　　)

9. 企业对于经营性租入的固定资产，要承担其全部风险。(　　)

10. 对处于恶性通货膨胀经济中的境外经营的企业财务报表，应首先对资产负债表项目运用一般物价指数予以重述、对利润表项目运用一般物价指数变动予以重述，然后再按照最近资产负债表日的即期汇率进行折算。(　　)

11. 无论何种企业清算，均不会涉及所得税问题。(　　)

12. 企业清算过程中支付的职工安置费用不影响清算损益。(　　)

四、简答题（本类题共 3 小题，每小题 6 分，共 18 分）

1. 什么是记账本位币？企业确定记账本位币时应考虑的因素有哪些？

2. 什么是非同一控制下企业合并？其会计处理的要点主要有哪些？

3. 采用实际利率法分摊未确认融资费用时，其分摊率的选择有哪些情况？

五、计算及账务处理题（本类题共 4 小题，每题 10 分，共 40 分。凡要求计算的项目，均须列出计算过程；计算结果有计量单位的，应予标明，标明的计量单位应与题中所给的计量单位相同；计算结果出现小数的，除特殊要求外，均保留小数点后两位小数。凡要求解释、分析、说明理由的内容，必须有相应的文字阐述）

1. A 公司与 B 公司是非同一控制下的两个企业。2×14 年 3 月 1 日，A 公司向 B 公司的股东支付 380 万元，将 B 公司吸收合并。合并前 B 公司有关资产、负债和所有者权益的账面价值资料如下：库存商品等流动资产 400 万元，固定资产 500 万元（无其他非流动资产），应付账款等负债 600 万元，所有者权益 300 万元，其中，股本 200 万元，资本公积 10 万元，盈余公积 20 万元，未分配利润 70 万元。经评估，固定资产公允价值为 520 万元。相关税费及其他资料略。

要求：

根据上述资料，分别为 A、B 两个公司编制与此项吸收合并有关的会计分录。

（1）B 公司注销有关资产、负债、所有者权益；

（2）A 公司吸收合并 B 公司。

2. C 公司是 D 公司的母公司。2×13 年和 2×14 年年末，C 公司对 D 公司的应收账款余额分别为 300 000 元和 500 000 元，每年年末均按 5% 的比例计提坏账准备。

要求：

根据上述资料，编制合并报表工作底稿中的有关抵销分录。

（1）2×13 年年末合并报表工作底稿中的有关抵销分录；

（2）2×14 年年末合并报表工作底稿中的有关抵销分录。

3. 甲企业以人民币作为记账本位币。2×14 年 10 月末“应收账款——美元户”余额为 10 000 美元和 70 000 元人民币。11 月份发生如下经济业务：

（1）12 日销售一批商品，货款 20 000 美元，根据销售合同，购货方将于 20 日后支付货款，当日即期汇率为 \$1 = ¥6.82。

（2）22 日，收到 10 000 美元的应收账款，存入银行。当日即期汇率为 \$1 = ¥6.85。

（3）30 日汇率为 \$1 = ¥6.86。

相关税费及其他业务略。

要求：

根据上述资料，编制甲企业 2×14 年 11 月份的有关会计分录。

（1）11 月 12 日销售商品；

（2）11 月 22 日收回部分货款；

（3）11 月 30 日对“应收账款——美元户”余额进行调整并确认相关的汇兑损益。

4. 甲企业是一家通用机床制造企业。2×13 年年末，甲企业将一台自产的机床（成本为 600 000 元）以 800 000 元的价格采用售后租回的方式出售给乙企业，随即租回用于产品生产。假定租期为 5 年，采用双倍余额递减法计提折旧；租金共 100 万元，于每年年末平均支付。相关税费及其他资料略。

要求：

根据上述资料，编制相关会计分录。

（1）2×13 年年末销售并确认递延收益；

（2）2×14 年年末分摊递延收益（假定将该租回业务定性为融资租赁）；

（3）2×14 年年末分摊递延收益（假定将该租回业务定性为经营租赁）。

附录二 《高级财务会计》模拟试题参考答案

一、单项选择题

1. D　2. B　3. B　4. C　5. D　6. C　7. A　8. C　9. D　10. A

二、多项选择题

1. ABCD　2. BCDE　3. CDE　4. ACD　5. ABDE　6. ADED　7. ABC　8. ABDE　9. ABDE　10. ABC

三、判断题

1. √　2. √　3. √　4. √　5. √　6. ×　7. ×　8. ×　9. ×　10. √　11. ×　12. ×

四、简答题

1. 记账本位币是指企业经营所处的主要经济环境中的货币，是企业会计核算中统一使用的记账货币。

企业确定记账本位币时应考虑的因素主要有：

（1）该货币主要影响商品和劳务的销售价格，通常以该货币进行商品和劳务的计价与结算。

（2）该货币主要影响商品和劳务所需人工、材料和其他费用，通常以该货币进行上述费用的计价与结算。

（3）融资活动获得的货币以及保存从经营活动中收取款项所使用的货币。

2. 非同一控制下的企业合并是指参与合并的各方在合并前后不属于同一方或相同多方的最终控制。

其会计处理的要点有：

（1）购买方取得的可辨认净资产按其公允价值入账，取得的长期股权投资以合并成本作为初始投资成本。

(2) 购买方的合并成本的确定。购买日为取得对被购买方的控制权而付出的资产、发生的负债以及发行的权益性证券的公允价值计入合并成本。

(3) 购买方对合并成本与取得的被购买方可辨认净资产或股权的公允价值份额之间的差额的处理。合并成本大于取得的可辨认净资产或股权的公允价值份额的差额，确认为合并商誉；合并成本小于取得的被购买方可辨认净资产的公允价值的差额，计入当期损益。

(4) 购买方为进行企业合并发生的各项直接相关费用，计入当期损益。

3. 在分摊未确认融资费用时，承租人应采用合理的方法加以计算：

(1) 租赁资产以最低租赁付款额的现值为入账价值，且以出租人的租赁内含利率为折现率。在这种情况下，应以出租人的租赁内含利率为分摊率。

(2) 租赁资产以最低租赁付款额的现值为入账价值，且以租赁合同规定的利率为折现率。在这种情况下，应以租赁合同规定的利率为分摊率。

(3) 租赁资产以最低租赁付款额的现值为入账价值，且以同期银行贷款利率为折现率。在这种情况下，应以银行同期贷款利率为分摊率。

(4) 租赁资产以租赁资产公允价值为入账价值，应当重新计算分摊率，该分摊率应是使最低租赁付款额的现值与租赁资产公允价值相等的折现率。

五、计算及账务处理题

1. 有关会计分录为：

(1) B公司注销有关资产、负债、所有者权益：

借：应付账款等负债	6 000 000
股本	2 000 000
资本公积	100 000
盈余公积	200 000
利润分配——未分配利润	700 000

贷：库存商品等流动资产　　4 000 000

固定资产　　5 000 000

（2）A 公司吸收合并 B 公司：

借：库存商品等流动资产　　4 000 000

固定资产　　5 200 000

商誉　　600 000

贷：应付账款等流动负债　　6 000 000

银行存款　　3 800 000

2. 有关抵销分录为：

（1）2×13 年年末：

借：应付账款　　300 000

贷：应收账款　　300 000

借：应收账款　　15 000

贷：资产减值损失　　15 000

（2）2×14 年年末：

借：应付账款　　500 000

贷：应收账款　　500 000

借：应收账款　　25 000

贷：资产减值损失　　10 000

未分配利润——年初未分配利润　　15 000

3. 有关会计分录为：

（1）11 月 12 日销售商品：

借：应收账款——美元户　　136 400

贷：主营业务收入　　136 400

（2）11 月 22 日收回部分货款：

借：银行存款——美元户　　68 500

贷：应收账款——美元户　　68 500

（3）11 月 30 日对“应收账款——美元户”余额进行调整并确认相关的汇兑损益：

借：财务费用　　700

贷：应收账款——美元户　　700

4. 有关会计分录为：

（1）2×13 年年末销售并确认递延收益：

借：银行存款　　800 000

　贷：递延收益　　200 000

　　库存商品　　600 000

（2）2×14 年年末分摊递延收益（假定将该租回业务定性为融资租赁）：

借：递延收益　　80 000

　贷：制造费用　　80 000

（3）2×14 年年末分摊递延收益（假定将该租回业务定性为经营租赁）：

借：递延收益　　40 000

　贷：制造费用　　40 000

附录三　各章练习题答案

第一章　企业合并会计

（一）单项选择题

1. C　2. D　3. D　4. D　5. B　6. A

（二）多项选择题

1. ABC　2. AE　3. ACDE　4. ABCD　5. CE

（三）判断题

1. √　2. √　3. √　4. √　5. √　6. √　7. √　8. √　9. √　10. ×　11. √　12. √　13. √

（四）计算与账务处理题

1. （1）同一控制下甲公司吸收合并乙公司的账务处理：

借：银行存款等	6 000 000	
应收账款	1 500 000	
库存商品等	2 500 000	
固定资产	20 000 000	
资本公积——股本溢价	1 000 000	
留存收益	1 010 000	
贷：短期借款		800 000
应付账款		3 000 000
其他应付款		1 200 000
长期借款		15 000 000
银行存款		7 010 000
无形资产		3 000 000
股本		2 000 000

（2）非同一控制下甲公司吸收合并乙公司的账务处理：

借：银行存款等	6 000 000	
应收账款	1 500 000	
库存商品等	2 500 000	

借：固定资产	20 500 000	
商誉	3 100 000	
贷：短期借款		800 000
应付账款		3 000 000
其他应付款		1 200 000
长期借款		15 000 000
银行存款		7 010 000
无形资产		3 000 000
营业外收入		1 000 000
股本		2 000 000
资本公积——股本溢价		590 000

2.（1）同一控制下甲公司控股合并乙公司的账务处理：

借：长期股权投资	9 000 000	
资本公积——股本溢价	1 000 000	
留存收益	2 010 000	
贷：银行存款		7 010 000
无形资产		3 000 000
股本		2 000 000

（2）非同一控制下甲公司控股合并乙公司的账务处理：

借：长期股权投资	13 600 000	
贷：银行存款		7 010 000
无形资产		3 000 000
营业外收入		1 000 000
股本		2 000 000
资本公积——股本溢价		590 000

3.（1）A 公司取得 B 公司 60% 股权的这项企业合并属于同一控制下的企业合并。

（2）A 公司取得 B 公司股权的会计分录为（金额单位：万元）：

借：长期股权投资	1 200	
贷：股本		1 080
银行存款		9
资本公积		111

4.（1）A 公司吸收合并 B 公司属于同一控制下的企业合并。

（2）A 公司合并 B 公司的会计分录为（金额单位：万元，以下同）：

借：固定资产等有关资产　　7 000
　贷：应付账款等有关负债　　5 000
　　股本　　1 080
　　银行存款　　9
　　资本公积　　911

（3）假设A、B合并前为非同一控制下的两个公司，则A公司吸收合并B公司的会计分录为：

借：固定资产等有关资产　　7 300
　贷：应付账款等有关负债　　5 000
　　股本　　1 080
　　资本公积　　531
　　银行存款　　9
　　营业外收入　　680

（4）假设A、B合并前为非同一控制下的两个公司，而且A公司吸收合并B公司时另加付800万元的银行存款，则A公司吸收合并B公司的会计分录为：

借：固定资产等有关资产　　7 300
　商誉　　120
　贷：应付账款等有关负债　　5 000
　　股本　　1 080
　　资本公积　　531
　　银行存款　　809

5.（1）合并成本=付出资产的公允价值=160（万元）

资产转让损益=160-（300-120）=-20（万元）

（2）编制有关企业合并的会计分录（金额单位：万元，以下同）：

借：固定资产清理　　180
　累计折旧　　120
　贷：固定资产　　300

借：长期股权投资——乙公司　　160
　管理费用　　2
　营业外支出　　20
　贷：固定资产清理　　180
　　银行存款　　2

（3）借：应收股利（100×60%）　　60
　　贷：长期股权投资——乙公司　　60

6. （1）购买方为甲公司，购买日为2×13年7月1日。

（2）借：长期股权投资——乙公司（成本） 2 000

　　贷：银行存款 2 000

（3）借：长期股权投资——乙公司（损益调整） 90

　　贷：投资收益 90

（4）固定资产处置利得＝2 600－（3 000－500）＝100（万元）

无形资产处置损失＝（1 000－100）－800＝100（万元）

（5）借：固定资产清理 2 500

　　　累计折旧 500

　　贷：固定资产 3 000

借：长期股权投资——乙公司（成本） 3 400

　　管理费用 60

　　累计摊销 100

　　营业外支出 100

　贷：固定资产清理 2 500

　　营业外收入——资产转让收益 100

　　无形资产 1 000

　　银行存款 60

第二章　合并财务报表

（一）单项选择题

1. A　2. A　3. B　4. D　5. B　6. C　7. B　8. D　9. B　10. B　11. D　12. C　13. B　14. C　15. A　16. D　17. D　18. B　19. A　20. C

（二）多项选择题

1. ABCD　2. BCE　3. ABDE　4. ACD　5. BDE　6. ABCDE　7. ADE　8. BCD　9. BCD　10. ABCDE　11. ABE　12. AD　13. CDE　14. DE　15. DE　16. ABDE　17. ABC

（三）判断题

1. √　2. √　3. ×　4. √　5. √　6. √　7. √　8. √　9. √　10. √　11. ×　12. ×　13. √　14. ×　15. √　16. ×　17. ×　18. ×　19. ×　20. √　21. √　22. √　23. √　24. √　25. √

（四）计算与账务处理题

1. （1）母公司理论下的合并商誉、少数股东权益（计算过程见附表2-1）。

附表 2-1　　**母公司理论**　　单位：万元

项　目	情况 1：无商誉	情况 2：正商誉	情况 3：负商誉
1. 甲支付合并成本	900	950	950
2. 丙可辨认净资产公允价值	1 000	1 050	1 100
3. 丙可辨认净资产账面价值	1 000	1 000	1 000
4. 丙可辨认净资产中 90% 部分的增值	1 000-1 000=0	（1 050-1 000）×90%=45	（1 100-1 000）×90%=90
5. 合并商誉	900-1 000×90%=0	950-（1 000×90%+45）=5	950-（1 000×90%+90）=-40
6. 少数股东权益	1 000×10%=100	1 000×10%=100	1 000×10%=100

（2）实体理论下的合并商誉、少数股东权益（计算过程见附表 2-2）。

附表 2-2　　**实体理论**　　单位：万元

项　目	情况 1：无商誉	情况 2：正商誉	情况 3：负商誉
1. 甲支付合并成本	900	950	950
2. 丙可辨认净资产公允价值	1 000	1 050	1 100
3. 丙可辨认净资产账面价值	1 000	1 000	1 000
4. 丙全部可辨认净资产的增值	1 000-1 000=0	1 050-1 000=50	1 100-1 000=100
5. 按甲投资成本换算的丙总价值	900÷90%=1 000	950÷90%=1 055.6	950÷90%=1 055.6
6. 合并商誉	1 000-1 000×100%=0	1 055.6-1 050=5.6	1 055.6-1 100=-44.4
7. 少数股东权益	1 000×10%=100	1 055.6×10%=105.56	1 055.6×10%=105.56

（3）现行会计准则下的合并商誉、少数股东权益（计算过程见附表 2-3）。

附表 2-3　　**现行准则**　　单位：万元

项　目	情况 1：无商誉	情况 2：正商誉	情况 3：负商誉
1. 甲支付合并成本	900	950	950
2. 丙可辨认净资产公允价值	1 000	1 050	1 100
3. 丙可辨认净资产账面价值	1 000	1 000	1 000
4. 丙全部可辨认净资产的增值	1 000-1 000=0	1 050-1 000=50	1 100-1 000=100
5. 合并商誉（不含少数股权拥有的部分）	900-1 000×90%=0	950-1 050×90%=5	950-1 100×90%=-40
6. 少数股东权益	1 000×10%=100	1 050×10%=105	1 100×10%=110

2. (1) 母公司理论下的股权取得日合并财务报表工作底稿见附表2-4。

附表2-4　　**股权取得日合并财务报表工作底稿（一）**　　单位：万元

项　目	个别财务报表		抵销分录		合并数
	A公司	B公司	借	贷	
流动资产	400	200			600
固定资产	800	600	16		1 416
长期股权投资	450	0		450	0
商誉	—	—	34		34
负债	600	300			900
股东权益	1 050	500	500		1 050
少数股东权益	—	—		100	100

(2) 实体理论下的股权取得日合并财务报表工作底稿见附表2-5。

附表2-5　　**股权取得日合并财务报表工作底稿（二）**　　单位：万元

项　目	个别财务报表		抵销分录		合并数
	A公司	B公司	借	贷	
流动资产	400	200			600
固定资产	800	600	20		1 420
长期股权投资	450	0		450	0
商誉	—	—	42.5		42.5
负债	600	300			900
股东权益	1 050	500	500		1 050
少数股东权益	—	—		112.5	112.5

(3) 现行会计准则下的股权取得日合并财务报表工作底稿见表2-6。

附表2-6　　**股权取得日合并财务报表工作底稿（三）**　　单位：万元

项　目	个别财务报表		抵销分录		合并数
	A公司	B公司	借	贷	
流动资产	400	200			600
固定资产	800	600	20		1 420
长期股权投资	450	0		450	0
商誉	—	—	34		34
负债	600	300			900
股东权益	1 050	500	500		1 050
少数股东权益	—	—		104	104

3. (1) 属于非同一控制下的企业合并。

①取得股权的账务处理：

借：长期股权投资　　　　　　　　　　　　6 810 000

贷：银行存款　　3 000 000
主营业务收入　　3 000 000
应交税费——应交增值税（销项税额）　　510 000
——应交消费税　　300 000

借：主营业务成本　　2 000 000
贷：库存商品　　2 000 000

②为编制合并报表的抵销分录：

借：股本　　5 000 000
资本公积　　2 000 000
盈余公积　　500 000
未分配利润　　500 000
存货　　100 000
商誉　　330 000*
贷：长期股权投资　　6 810 000
少数股东权益　　1 620 000

* 330 000为以上各借项与以下各贷项之差额，或者这样计算：

330 000=6 810 000−8 100 000×80%

(2) 属于同一控制下的企业合并。

①取得股权的账务处理：

借：长期股权投资　　6 400 000
贷：银行存款　　3 000 000
库存商品　　2 000 000
应交税费——应交增值税（销项税额）　　510 000
——应交消费税　　300 000
资本公积——其他资本公积　　590 000

②为编制合并报表的抵销分录：

借：股本　　5 000 000
资本公积　　2 000 000
盈余公积　　500 000
未分配利润　　500 000
贷：长期股权投资　　6 400 000
少数股东权益　　1 600 000

4. (1) 借：有关流动资产　　5 000
固定资产等　　10 000

借：无形资产累计摊销	800	
资本公积	700	
贷：有关负债		6 000
无形资产		6 000
银行存款		4 500
（2）借：长期股权投资	9 000	
无形资产累计摊销	800	
资本公积	700	
贷：无形资产		6 000
银行存款		4 500
（3）抵销分录：		
借：股本	7 000	
资本公积	800	
留存收益	1 200	
贷：长期股权投资		9 000
（4）借：长期股权投资	7 200	
无形资产累计摊销	800	
资本公积	2 500	
贷：无形资产		6 000
银行存款		4 500
（5）抵销分录：		
借：股本	7 000	
资本公积	800	
留存收益	1 200	
贷：长期股权投资		7 200
少数股东权益		1 800
5.（1）借：有关流动资产	5 000	
固定资产等	10 250	
无形资产累计摊销	800	
商誉	750	
贷：有关负债		6 000
无形资产		6 000
营业外收入		300
银行存款		4 500

（2）借：长期股权投资　　10 000
　　无形资产累计摊销　　800
　贷：无形资产　　6 000
　　营业外收入　　300
　　银行存款　　4 500

（3）调整与抵销分录：

借：股本　　7 000
　资本公积　　800
　留存收益　　1 200
　固定资产　　250
　商誉　　750
　贷：长期股权投资　　10 000

（4）借：长期股权投资　　10 000
　　无形资产累计摊销　　800
　贷：无形资产　　6 000
　　营业外收入　　300
　　银行存款　　4 500

（5）调整与抵销分录：

借：股本　　7 000
　资本公积　　800
　留存收益　　1 200
　固定资产　　250
　商誉　　2 600
　贷：长期股权投资　　10 000
　　少数股东权益　　1 850

6. 第一种情况：甲、丁合并为同一控制下企业合并，则

（1）甲公司按权益法调整后的投资收益 $=300+280+560+147\div2\times80\%$

$=1\ 198.8$（万元）

（2）合并营业收入 $=4\ 000+3\ 000+2\ 000+1\ 000-100=9\ 900$（万元）

（3）合并营业成本 $=2\ 500+2\ 200+1\ 100+600-60=6\ 340$（万元）

（4）合并净利润 $=9\ 900-6\ 340-(500+400+300+200)+(300+200+10)-(390+120+240+63)=1\ 857$（万元）

（5）少数股东收益 $=147\times20\%=29.4$（万元）

第二种情况：甲、丁合并为非同一控制下企业合并，则

（1）甲公司按权益法调整后的投资收益 $=300+280+560+147\div2\times80\%=1\ 198.8$（万元）

（2）合并营业收入 $=4\ 000+3\ 000+2\ 000+1\ 000\div2-100=9\ 400$（万元）

（3）合并营业成本 $=2\ 500+2\ 200+1\ 100+600\div2-60=6\ 040$（万元）

（4）合并净利润 $=9\ 400-6\ 040-（500+400+300+200\div2）+（300+200+10\div2）-（390+120+240+63\div2）$

$=1\ 783.5$（万元）

（5）少数股东收益 $=147\div2\times20\%=14.7$（万元）

7.（1）调整分录：

借：长期股权投资　　100 000

　贷：投资收益　　100 000

（2）抵销分录：

借：股本等股东权益　　63 000 000

　　固定资产　　7 000 000

　　商誉　　6 000 000

　贷：长期股权投资　　55 000 000

　　　少数股东权益　　21 000 000

第三章　外币业务会计

（一）单项选择题

1. B　2. A　3. A　4. C　5. A　6. B　7. A　8. B　9. B　10. D　11. C　12. B　13. A　14. C　15. D

（二）多项选择题

1. ABCDE　2. ABDE　3. AD　4. ABCD　5. ABCD　6. ABC　7. BDE　8. ABCDE　9. ABCE　10. ABCD　11. AC　12. ABCD　13. CE　14. BCDE　15. ABC

（三）判断题

1. ×　2. √　3. √　4. ×　5. √　6. ×　7. ×　8. √　9. ×　10. √　11. √　12. ×　13. √　14. ×　15. √

（四）计算与账务处理题

1. 练习外币交易会计处理的基本方法

（1）单一交易观点

①出口业务

A. 2×13 年 12 月 15 日按交易日即期汇率反映出口商品销售：

借：应收账款——美元户（＄10 000×6.37）　　63 700
　贷：主营业务收入　　63 700

B. 2×13 年 12 月 31 日按年末汇率调整原入账的销售收入和应收账款：

借：主营业务收入　　700
　贷：应收账款——美元户（＄10 000×（6.37−6.30））　　700

C. 2×14 年 1 月 30 日结算时，先按当日汇率调整销售收入和应收账款账户，并反映将收讫的款项存入银行的情况：

借：应收账款——美元户（＄10 000×（6.32−6.30））　　200
　贷：主营业务收入　　200

同时：

借：银行存款——美元户（＄10 000×6.32）　　63 200
　贷：应收账款——美元户　　63 200

②进口业务

A. 2×13 年 12 月 15 日购货业务按交易日即期汇率入账：

借：存货　　63 700
　贷：应付账款——美元户（＄10 000×6.37）　　63 700

B. 2×13 年 12 月 31 日按年末汇率调整原已入账的存货成本：

借：应付账款——美元户（＄10 000×（6.37−6.30））　　700
　贷：存货　　700

C. 2×14 年 1 月 30 日结算时，先按当日汇率调整存货成本和应付账款账户，并反映结算应付账款的情况：

借：存货　　200
　贷：应付账款——美元户（＄10 000×（6.32−6.30））　　200

同时：

借：应付账款——美元户（＄10 000×6.32）　　63 200
　贷：银行存款——美元户　　63 200

（2）两项交易观点

根据资料（1），按照两项交易观点，其会计处理程序如下：

①将汇兑损益作已实现损益处理

A. 2×13 年 12 月 15 日按交易日汇率反映出口商品销售：

借：应收账款——美元户（＄10 000×6.37）　　63 700
　贷：主营业务收入　　63 700

B. 2×13 年 12 月 31 日按年末汇率确认未结算交易损益：

借：财务费用——汇兑损益（＄10 000×（6.37−6.30））　　700

贷：应收账款——美元户 700

C. 2×14 年 1 月 30 日结算时，先按当日汇率调整应收美元账款，确认汇兑损益，并反映将收讫的款项存入银行的情况：

借：应收账款——美元户 200

贷：财务费用——汇兑损益（$10 000×（6.32-6.30）） 200

同时：

借：银行存款——美元户（$10 000×6.32） 63 200

贷：应收账款——美元户 63 200

②将汇兑损益作递延处理

A. 2×13 年 12 月 15 日按交易日汇率反映出口商品销售：

借：应收账款——美元户（$10 000×6.37） 63 700

贷：主营业务收入 63 700

B. 2×13 年 12 月 31 日按年末汇率将未结算交易损益予以递延：

借：递延汇兑损益（$10 000×（6.37-6.30）） 700

贷：应收账款——美元户 700

C. 2×14 年 1 月 30 日结算时，先按当日汇率调整应收美元账款和递延汇兑损益，并反映将收讫的款项存入银行的情况：

借：应收账款——美元户 200

贷：递延汇兑损益（$10 000×（6.32-6.30）） 200

同时：

借：银行存款——美元户（$10 000×6.32） 63 200

贷：应收账款——美元户 63 200

同时，将递延汇兑损益结转为已实现的汇兑损益：

借：财务费用——汇兑损益 500

贷：递延汇兑损益 500

根据资料（2），按照两项交易观点，其会计处理程序如下：

①将汇兑损益作为已实现损益处理

A. 2×13 年 12 月 15 日购货业务按交易日即期汇率入账：

借：库存商品 63 700

贷：应付账款——美元户 63 700

B. 2×13 年 12 月 31 日按年末汇率确认未结算交易损益：

借：应付账款——美元户 700

贷：财务费用——汇兑损益 700

C. 2×14 年 1 月 30 日结算时，先按当日汇率调整应付美元账款，确认汇兑损益，并反映结算应付账款的情况：

借：财务费用——汇兑损益　　200

　贷：应付账款——美元户　　200

同时：

借：应付账款——美元户　　63 200

　贷：银行存款——美元户　　63 200

②将汇兑损益作递延处理

A. 2×13 年 12 月 15 日购货业务按交易日即期汇率入账：

借：库存商品　　63 700

　贷：应付账款——美元户　　63 700

B. 2×13 年 12 月 31 日按年末汇率将未结算交易损益予以递延：

借：应付账款——美元户　　700

　贷：递延汇兑损益　　700

C. 2×14 年 1 月 30 日结算时，先按当日汇率调整应付美元账款，确认汇兑损益，并反映结算应付账款的情况：

借：递延汇兑损益　　200

　贷：应付账款——美元户　　200

借：应付账款——美元户　　63 200

　贷：银行存款——美元户　　63 200

同时，将递延汇兑损益结转为已实现的汇兑损益：

借：递延汇兑损益　　500

　贷：财务费用——汇兑损益　　500

2. 练习外币业务的会计处理

（1）借：银行存款——人民币户　　12 640

　　贷：银行存款——美元户（$2 000×6.30）　　12 600

　　　　财务费用——汇兑损益　　40

（2）借：银行存款——美元户（$20 000×6.30）　　126 000

　　　　财务费用——汇兑损益　　400

　　贷：银行存款——人民币户（$20 000×6.32）　　126 400

（3）①2×13 年 7 月 1 日，将借入的外币按当天的即期汇率折合为人民币入账：

借：银行存款——美元户（$10 000×6.78）　　67 800

　贷：短期借款——美元户（$10 000×6.78）　　67 800

②2×13 年 12 月 31 日，计提 2×13 年下半年应付利息如下：

应付利息 = 10 000×5%×6÷12×6.60 = 1 650（元）

根据以上计算结果入账：

借：财务费用——利息支出　　1 650

　贷：应付利息　　1 650

③2×13 年 12 月 31 日，计算由于汇率变化所形成的汇兑损益时：

借：短期借款——美元户（＄10 000×（6.78－6.60））　　1 800

　贷：财务费用——汇兑损益　　1 800

④2×14 年 7 月 1 日计算利息如下：

借款利息总额＝10 000×5%×6.47＝3 235（元）

其中：

2×14 年上半年的应付利息＝10 000×5%×6÷12×6.47＝1 617.5（元）

2×13 年下半年应付利息中由于汇率变化所形成的汇兑损益＝10 000×5%×6÷12×（6.6－6.47）＝32.5（元）

借：应付利息　　1 650

　　财务费用——利息支出　　1 617.5

　贷：银行存款——美元户　　3 235

　　　财务费用——汇兑损益　　32.5

⑤2×14 年 7 月 1 日归还外币贷款本金时：

借：短期借款——美元户（＄10 000×6.47）　　64 700

　贷：银行存款——美元户（＄10 000×6.47）　　64 700

（4）①2×13 年 12 月 3 日购入 A 公司 B 股 1 000 股作为交易性金融资产时：

借：交易性金融资产（＄1 000×1.5×6.67）　　10 005

　贷：银行存款——美元户　　10 005

②2×13 年 12 月 31 日，将公允价值变动（含汇率变动）计入当期损益时：

借：交易性金融资产（＄1 000×（2×6.60－1.5×6.67））　　3 195

　贷：公允价值变动损益　　3 195

③2×14 年 4 月 8 日，将所购 B 股股票全部售出时：

借：银行存款——美元户（＄1 000×2.3×6.53）　　15 019

　贷：交易性金融资产　　13 200

　　　投资收益　　1 819

同时：

借：公允价值变动损益　　3 195

　贷：投资收益　　3 195

（5）借：银行存款——美元户（＄20 000×6.80）　　136 000

　　　贷：实收资本——美元户（＄20 000×6.80）　　136 000

3. 练习期末外币货币性项目调整的计算和会计处理（见附表 3-1）。

附表 3-1　　**期末外币货币性项目调整计算表**

外币 账户名称	美元余额 （美元）	期末即 期汇率	调整前 人民币余额 （人民币元）	调整后 人民币余额 （人民币元）	差额 （人民币元）
银行存款	1 000	6.30	9 000	6 300	2 700
应收账款	0	6.30	300	0	300
应付账款	300	6.30	2 200	1 890	310
短期借款	2 000	6.30	18 000	12 600	5 400
合计					2 710

借：短期借款　　5 400

　　应付账款　　310

　贷：银行存款　　2 700

　　　应收账款　　300

　　　财务费用——汇兑损益　　2 710

4. 练习期末外币非货币性项目调整的会计处理

（1）①2×13 年 12 月 15 日进口设备时，按交易日即期汇率确认固定资产：

借：固定资产　　31 850 000

　贷：银行存款——美元户（＄5 000 000×6.37）　　31 850 000

②按历史成本计量的外币非货币性项目，在期末不改变原记账本位币金额，不产生汇兑损益，所以 2×13 年 12 月 31 日无需对该固定资产的入账金额进行调整。

（2）①2×13 年 7 月 1 日进口 A 商品时：

借：库存商品　　64 700

　贷：银行存款——美元户（＄10 000×6.47）　　64 700

②2×13 年 12 月 31 日，计提存货跌价准备：

借：资产减值损失（＄1 000×5×6.47－＄900×5×6.30）　　4 000

　贷：存货跌价准备　　4 000

（3）①2×13 年 3 月 1 日购入 G 公司 B 股 1 000 股作为交易性金融资产时：

借：交易性金融资产（＄1 000×2×6.58）　　13 160

　贷：银行存款——美元户　　13 160

②2×13 年 12 月 31 日，将公允价值变动（含汇率变动）计入当期损益时：

借：交易性金融资产（＄1 000×（2.5×6.30－2×6.58））　　2 590

　贷：公允价值变动损益　　2 590

③2×14 年 2 月 1 日，将所购 B 股股票全部售出时：

借：银行存款——美元户（＄1 000×2.7×6.31）　　17 037

贷：交易性金融资产　15 750

投资收益　1 287

同时：

借：公允价值变动损益　2 590

贷：投资收益　2 590

第四章　租赁会计

（一）单项选择题

1. A　2. B　3. B　4. D　5. C　6. A　7. C　8. C　9. A　10. B

（二）多项选择题

1. ABCD　2. AD　3. BD　4. CD　5. ACD　6. ABCD　7. ABC　8. BC　9. CD　10. CD

（三）判断题

1. √　2. √　3. ×　4. ×　5. √　6. ×　7. ×　8. ×　9. ×　10. √

（四）计算与账务处理题

1. 华美设备租赁公司相关会计分录为：

（1）借：经营租赁资产——未出租资产　10 000 000

贷：银行存款　10 000 000

（2）借：经营租赁资产——已出租资产　1 500 000

贷：经营租赁资产——未出租资产　1 500 000

（3）月折旧额 = 1 500 000×12% ÷12 = 15 000（元）

借：营业费用——折旧费　15 000

贷：经营租赁资产折旧　15 000

（4）借：银行存款　22 000

贷：租赁收入　22 000

（5）借：经营租赁资产——未出租资产　1 500 000

贷：经营租赁资产——已出租资产　1 500 000

2. 承租人与出租人相关的会计处理分别如下：

（1）承租人（新世纪公司）的会计处理

①租赁开始日的会计处理：

第一步，判断租赁类型。

本题中租赁期（3 年）占租赁资产使用寿命（5 年）的 60%（小于 75%），没有满足融资租赁的第 3 条标准，但是，最低租赁付款额的现值为 2 577 100 元（计算过程见后）大于租赁开始日租赁资产公允价值的 90%，即 2 340 000 元

（2 600 000×90%），满足融资租赁的第 4 条标准，因此，新世纪公司应当将该项租赁认定为融资租赁。

第二步，计算租赁开始日最低租赁付款额的现值，确定租赁资产的入账价值。

本题中新世纪公司不知道出租人的租赁内含利率，因此应当选择租赁合同规定的利率 8% 作为最低租赁付款额的折现率。

最低租赁付款额＝各期租金之和＋承租人担保的资产余值

＝1 000 000×3＋0＝3 000 000（元）

计算现值的过程如下：

每期租金 1 000 000 元的年金现值＝1 000 000×（P/A，8%，3）

＝1 000 000×2.5771＝2 577 100（元）

最低租赁付款额的现值小于租赁开始日租赁资产公允价值，根据孰低原则租赁资产入账价值为 2 577 100 元。

第三步，计算未确认融资费用。

未确认融资费用＝最低租赁付款额－租赁开始日租赁资产的入账价值

＝3 000 000－2 577 100＝422 900（元）

第四步，会计处理。

2×12 年 1 月 1 日租入程控生产线。

借：固定资产——融资租入固定资产　　2 577 100

　　未确认融资费用　　422 900

　贷：长期应付款——应付融资租赁款　　3 000 000

②分摊未确认融资费用的会计处理：

第一步，确定未确认融资费用分摊率。

由于租赁资产的入账价值为最低租赁付款额的现值，因此该折现率就是其融资费用的分摊率，即 8%。

第二步，在租赁期内采用实际利率法分摊未确认融资费用（见附表 4-1）。

附表 4-1　　**未确认融资费用分摊表（实际利率法）**

2×12 年 1 月 1 日　　单位：元

日期	租金	确认的融资费用	应付本金的减少	应付本金余额
①	②	③＝期初⑤×8%	④＝②－③	期末⑤＝期初⑤－④
(1) 2×12 年 1 月 1 日				2 577 100
(2) 2×12 年 12 月 31 日	1 000 000	206 168	793 832	1 783 268
(3) 2×13 年 12 月 31 日	1 000 000	142 661.44	857 338.56	925 929.44
(4) 2×14 年 12 月 31 日	1 000 000	74 070.56*	925 929.44	0
合　计	3 000 000	422 900	2 577 100	

*作尾数调整：74 070.56＝1 000 000－925 929.44；925 929.44＝925 929.44－0。

第三步，会计处理。

2×12 年 12 月 31 日，支付第一期租金。

借：长期应付款——应付融资租赁款　　1 000 000

　贷：银行存款　　1 000 000

2×12 年 1—12 月，每月分摊未确认融资费用。

借：财务费用（206 168÷12）　　17 180.67

　贷：未确认融资费用　　17 180.67

2×13 年 12 月 31 日，支付第二期租金。

借：长期应付款——应付融资租赁款　　1 000 000

　贷：银行存款　　1 000 000

2×13 年 1—12 月每月分摊未确认融资费用。

借：财务费用（142 661.44÷12）　　11 888.45

　贷：未确认融资费用　　11 888.45

2×14 年 12 月 31 日，支付第三期租金。

借：长期应付款——应付融资租赁款　　1 000 000

　贷：银行存款　　1 000 000

2×14 年 1—12 月每月分摊未确认融资费用。

借：财务费用（74 070.56÷12）　　6 172.55

　贷：未确认融资费用　　6 172.55

③计提融资租赁资产折旧的会计处理：

第一步，融资租入固定资产折旧的计算（见附表 4-2）。

附表 4-2　　**融资租入固定资产折旧计算表（年限平均法）**　　单位：元

日期	固定资产原值	折旧率*	当年折旧费	累计折旧	固定资产净值
2×12 年 1 月 1 日	2 577 100				2 577 100
2×12 年 12 月 31 日		31.42%	809 724.82	809 724.82	1 767 375.18
2×13 年 12 月 31 日		34.29%	883 687.59	1 693 412.41	883 687.59
2×14 年 12 月 31 日		34.29%	883 687.59	2 577 100	0
合计	2 577 100	100%		2 577 100	

*根据合同规定，由于新世纪公司无法合理确定在租赁期届满时能否取得租赁资产的所有权，因此，应当在租赁期与租赁资产使用寿命两者中的较短的期间内计提折旧。本例中，租赁期为 3 年，短于租赁资产使用寿命 5 年，因此应按 3 年计提折旧。同时，根据“当月增加的固定资产，当月不计提折旧，从下月起计提折旧”这一规定，本租赁资产应按 35 个月计提折旧，即 2×12 年应按 11 个月计提折旧，其余 2 年分别按 12 个月计提折旧。

第二步，会计处理。

2×12 年 2 月 28 日计提本月折旧。

借：制造费用（809 724.82÷11）　　73 611.35

　贷：累计折旧　　73 611.35

2×12 年 3 月至 2×14 年 12 月计提折旧会计分录同上。

④或有租金的会计处理：

2×13 年 12 月 31 日，根据合同规定应向西部公司支付经营分享收入100 000元。

借：销售费用　　100 000

　贷：其他应付款——西部公司　　100 000

2×14 年 12 月 31 日，根据合同规定应向西部公司支付经营分享收入150 000元。

借：销售费用　　150 000

　贷：其他应付款——西部公司　　150 000

⑤租赁期届满时的会计处理：

2×14 年 12 月 31 日，将该生产线退还西部公司。

借：累计折旧　　2 577 100

　贷：固定资产——融资租入固定资产　　2 577 100

（2）出租人（西部公司）的会计处理

①租赁开始日的会计处理：

第一步，计算租赁内含利率。

租赁内含利率的定义：在租赁开始日，使最低租赁收款额的现值与未担保余值的现值之和等于租赁资产公允价值与出租人的初始直接费用之和的折现率。

由于本题中不存在与承租人和出租人均无关的第三人对出租人担保的资产余值，因此最低租赁收款额等于最低租赁付款额，即租金×期数+承租人担保余值=1 000 000×3+0=3 000 000（元），因此有1 000 000×（P/A，R，3）=2 600 000（元）（租赁开始日租赁资产公允价值）。

经查表可知，年金系数为 2.6243 时，利率为 7%；年金系数为 2.5771 时，利率为 8%；则当年金系数为 2.6 时，通过插值法可以求得此时的利率为 R=7.51%。

第二步，计算租赁开始日最低租赁收款额及其现值和未实现融资收益。

最低租赁收款额+未担保余值=最低租赁付款额+第三方担保余值+未担保余值

=各期租金之和+承租人担保余值+第三方担保余值+未担保余值

=1 000 000×3+0+0+0

=3 000 000（元）

最低租赁收款额=1 000 000×3=3 000 000（元）

最低租赁收款额现值=1 000 000×（P/A，7.51%，3）=2 600 000（元）

$$\frac{未实现}{融资收益}=\frac{最低租赁}{收款额}+\frac{未担保}{余值}-\left(\frac{最低租赁}{收款额现值}+\frac{未担保}{余值现值}\right)$$

=3 000 000-2 600 000=400 000（元）

第三步，判断租赁类型。

本题中租赁期（3 年）占租赁资产使用寿命（5 年）的 60%（小于 75%），没有满足融资租赁的第 3 条标准，但是，最低租赁收款额的现值为 2 600 000 元，大于租赁开始日租赁资产公允价值的 90%，即 2 340 000 元（2 600 000×90%），满足融资租赁的第 4 条标准。因此，西部公司应当将该项租赁认定为融资租赁。

第四步，会计处理。

2×12 年 1 月 1 日，出租程控生产线。

借：长期应收款——应收融资租赁款　　3 000 000

　贷：融资租赁资产　　2 500 000（账面价值）

　　　营业外收入　　100 000（账面价值与公允价值之差）

　　　未实现融资收益　　400 000

②未实现融资收益分配的会计处理：

第一步，计算租赁期内各租金收取期应分配的未实现融资收益（见附表 4-3）

附表 4-3　　**未实现融资收益分配表（实际利率法）**　　单位：元

日期	租金	确认的融资费用	应付本金的减少	应付本金余额
①	②	③=期初⑤×7.51%	④=②-③	期末⑤=期初⑤-④
(1) 2×12 年 1 月 1 日				2 600 000
(2) 2×12 年 12 月 31 日	1 000 000	195 260	804 740	1 795 260
(3) 2×13 年 12 月 31 日	1 000 000	134 824.03	865 175.97	930 084.03
(4) 2×14 年 12 月 31 日	1 000 000	69 915.97 *	930 084.03 *	0
合计	3 000 000	400 000	2 600 000	

* 作尾数调整：69 915.97=1 000 000-930 084.03；930 084.03=930 084.03-0。

第二步，会计处理。

2×12 年 12 月 31 日，收到第一期租金。

借：银行存款　　1 000 000

贷：长期应收款——应收融资租赁款　　1 000 000

2×12 年 1—12 月，每月确认融资收入。

借：未实现融资收益（195 260÷12）　　16 271.67

贷：租赁收入　　16 271.67

2×13 年 12 月 31 日，收到第二期租金。

借：银行存款　　1 000 000

贷：长期应收款——应收融资租赁款　　1 000 000

2×13 年 1—12 月每月确认融资收益。

借：未实现融资收益（134 824.03÷12）　　11 235.34

贷：租赁收入　　11 235.34

2×14 年 12 月 31 日，收到第三期租金。

借：银行存款　　1 000 000

贷：长期应收款——应收融资租赁款　　1 000 000

2×14 年 1—12 月每月确认融资收益。

借：未实现融资收益（69 915.97÷12）　　5 826.33

贷：租赁收入　　5 826.33

③或有租金的账务处理：

2×13 年 12 月 31 日，根据合同规定应向新世纪公司收取经营分享收入 100 000元。

借：银行存款　　100 000

贷：租赁收入　　100 000

2×14 年 12 月 31 日，根据租赁合同规定应向新世纪公司收取经营分享收入 150 000元。

借：银行存款　　150 000

贷：租赁收入　　150 000

④租赁期届满时的会计处理：

2×14 年 12 月 31 日，将该生产线从新世纪公司收回，作备查登记。

3. A 公司相关的会计分录如下：

（1）出售后以融资租赁的方式租回：

①出售设备给 B 公司：

借：银行存款　　1 170 000

贷：递延收益　　200 000

固定资产　　800 000

应交税费——应交增值税（销项税额）　　170 000

②租入设备：

借：在建工程　　1 300 000

　贷：长期应付款　　1 300 000

借：在建工程　　200 000

　贷：银行存款　　200 000

③设备交付使用：

借：固定资产——融资租入固定资产　　1 500 000

　贷：在建工程　　1 500 000

④每期交付融资租赁费：

借：长期应付款（1 300 000÷5）　　260 000

　贷：银行存款　　260 000

⑤计提折旧：

借：制造费用（1 500 000÷5）　　300 000

　贷：累计折旧　　300 000

⑥摊销递延收益：

借：递延收益（200 000÷5）　　40 000

　贷：制造费用　　40 000

注：这里⑤、⑥两笔分录可以合为一笔，即

借：制造费用　　260 000

　　递延收益　　40 000

　贷：累计折旧　　300 000

（2）出售后以经营租赁方式租回：

①出售设备给 B 公司：

借：银行存款　　1 170 000

　贷：递延收益　　200 000

　　　固定资产　　800 000

　　　应交税费——应交增值税（销项税额）　　170 000

②每年（分 2 年）年初支付租金时：

借：递延收益（200 000÷2）　　100 000

　　制造费用　　20 000

　贷：银行存款　　120 000

4.（1）该租赁属于融资租赁。原因如下：

最低租赁付款额的现值 $=1\ 000\div(1+6\%)+1\ 000\div(1+6\%)^2+100\div(1+6\%)^2=1\ 922.40$（万元），占租赁资产公允价值 2 100 万元的 90% 以上，符合

融资租赁的判断标准。

（2）最低租赁付款额＝1 000×2+100＝2 100（万元）

租赁资产的入账价值＝1 922.40 万元

借：固定资产——融资租入固定资产　1 922.40

　　未确认融资费用　177.60

　贷：长期应付款　2 100

（3）2×13 年 12 月 31 日会计分录：

借：长期应付款——应付融资租赁款　1 000

　贷：银行存款　1 000

当年应分摊的融资费用＝1 922.40×6%＝115.34（万元）

借：财务费用　115.34

　贷：未确认融资费用　115.34

计提折旧＝（1 922.40−100）÷2＝911.20（万元）

借：制造费用　911.20

　贷：累计折旧　911.20

2×14 年 12 月 31 日会计分录：

借：长期应付款——应付融资租赁款　1 000

　贷：银行存款　1 000

当年应分摊的融资费用＝177.60−115.34＝62.26（万元）

借：财务费用　62.26

　贷：未确认融资费用　62.26

计提折旧＝（1 922.40−100）÷2＝911.20（万元）

借：制造费用　911.20

　贷：累计折旧　911.20

归还设备：

借：长期应付款——应付融资租赁款　100

　　累计折旧　1 822.40

　贷：固定资产——融资租入固定资产　1 922.40

5.（1）本租赁属于融资租赁。原因如下：

该最低租赁付款额的现值＝800×3.4651+300×0.7921＝3 009.71（万元），占租赁资产公允价值的 90% 以上，因此符合融资租赁的判断标准；另外，租赁期占资产尚可使用年限的 80%，大于 75%。因此该项租赁应当认定为融资租赁。

（2）起租日的会计分录：

最低租赁付款额＝800×4+300＝3 500（万元）

租赁资产的入账价值=3 009.71（万元）

未确认融资费用=3 500-3 009.71=490.29（万元）

借：固定资产——融资租入固定资产　　3 009.71

　　未确认融资费用　　490.29

　贷：长期应付款——应付融资租赁款　　3 500

（3）2×11 年 12 月 31 日的会计分录：

支付租金：

借：长期应付款——应付融资租赁款　　800

　贷：银行存款　　800

确认当年应分摊的融资费用：

当年应分摊的融资费用=3 009.71×6% =180.58（万元）

借：财务费用　　180.58

　贷：未确认融资费用　　180.58

计提折旧：

计提折旧=（3 009.71-300）÷4=677.43（万元）

借：制造费用——折旧费　　677.43

　贷：累计折旧　　677.43

2×12 年 12 月 31 日的会计分录：

支付租金：

借：长期应付款——应付融资租赁款　　800

　贷：银行存款　　800

确认当年应分摊的融资费用：

当年应分摊的融资费用=［3 009.71-（800-180.58）］×6% =143.42（万元）

借：财务费用　　143.42

　贷：未确认融资费用　　143.42

计提折旧：

计提折旧=（3 009.71-300）÷4=677.43（万元）

借：制造费用——折旧费　　677.43

　贷：累计折旧　　677.43

2×13 年 12 月 31 日的会计分录：

支付租金：

借：长期应付款——应付融资租赁款　　800

　贷：银行存款　　800

确认当年应分摊的融资费用：

当年应分摊的融资费用＝［3 009.71－（800－180.58）－（800－143.42）］×6%
＝104.02（万元）

借：财务费用　　104.02
　贷：未确认融资费用　　104.02

计提折旧：

计提折旧＝（3 009.71－300）÷4＝677.43（万元）

借：制造费用——折旧费　　677.43
　贷：累计折旧　　677.43

2×14 年 12 月 31 日的会计分录：

支付租金：

借：长期应付款——应付融资租赁款　　800
　贷：银行存款　　800

确认当年应分摊的融资费用：

当年应分摊的融资费用＝490.29－180.58－143.42－104.02＝62.27（万元）

借：财务费用　　62.27
　贷：未确认融资费用　　62.27

计提折旧：

计提折旧＝（3 009.71－300）÷4＝677.43（万元）

借：制造费用——折旧费　　677.43
　贷：累计折旧　　677.43

归还设备：

借：长期应付款——应付融资租赁款　　300
　　累计折旧　　2 709.71
　贷：固定资产——融资租入固定资产　　3 009.71

第五章　衍生金融工具会计

（一）单项选择题

1. D　2. C　3. C　4. B　5. A　6. C　7. D　8. A　9. B　10. A

（二）多项选择题

1. ABD　2. ABCD　3. ABC　4. ABE　5. ABCD　6. ABCE　7. ABCD　8. ADE　9. CD　10. ABCD　11. ABCDE

（三）判断题

1. ×　2. √　3. ×　4. √　5. ×　6. ×　7. √　8. √　9. ×　10. ×

（四）计算与账务处理题

1.（1）甲公司与A公司签订的利率互换合同属于衍生金融工具，判断依据是：第一，该合同价值随基础变量（伦敦银行同业拆借利率）的变动而变动；第二，合同没有初始净投资；第三，该合同在未来某一日期结算。因此，该合同符合衍生金融工具的定义。

（2）甲公司与B公司签订的远期合约不属于衍生金融工具，判断依据是：该合同开始时预付款5 000万元这一事项不符合衍生金融工具定义中的第2个特征——不要求初始净投资，或要求的初始净投资小于预计对市场因素变化有类似反应的其他类型合同所要求的初始净投资。实际上，甲公司在合同开始时也可以按每股50元的价格购买100万股T股份。

（3）甲公司与C公司之间的合同属于衍生金融工具，判断依据是：该合同符合衍生金融工具的定义——存在基础变量、没有初始净投资或初始净投资小于预计对市场因素变动有类似反应的其他类型合同所要求的初始净投资、在未来结算。

（4）甲公司与D银行达成的该项合同属于衍生金融工具，判断依据是：该合同具有两个基础变量——汇率和销售量；该合同没有初始净投资或初始净投资小于预计对市场因素变动有类似反应的其他类型合同所要求的初始净投资；该合同涉及未来的支付条款。

2.（1）分拆的计量：

思路：发行债券的公允价值与负债公允价值之间的差额分配给权益。

具体计算过程如下：

本金的现值：

按9%的折现率计算的第3年年末应付的2 000 000元的现值	1 544 367
利息的现值：	
按9%的折现率计算的3年内每年应付的120 000元的现值	303 755
负债部分总额：	1 848 122
债券发行收入：	2 000 000
权益部分金额：	2 000 000−1 848 122＝151 878

（2）账务处理：

借：银行存款	2 000 000	
应付债券——利息调整	151 878	
贷：应付债券——面值		2 000 000
资本公积——其他资本公积		151 878

3.（1）甲公司有关账务处理见附表5-1。

附表 5-1　　　　甲公司将期汇合约用于外币应收款
套期保值的账务处理　　　　单位：元

日　期	内　容	账务处理		
2×13 年 11 月 3 日	销售商品	借：应收账款——美元户	146 000	
		贷：主营业务收入		146 000
2×13 年 11 月 3 日	签订期汇合约，指定套期关系，确认贴水损益	借：被套期项目——应收美元账款	146 000	
		贷：应收账款——美元户		146 000
		借：应收期汇合约款——人民币户	142 000	
		套期损益	4 000	
		贷：套期工具——应付期汇合约款——美元户		146 000
2×13 年 12 月 31 日	确认被套期项目和套期工具的公允价值变动损益	借：套期损益	2 000	
		贷：被套期项目——应收美元账款		2 000
		借：套期工具——应付期汇合约款——美元户	2 000	
		贷：套期损益		2 000
2×14 年 2 月 1 日	确认被套期项目和套期工具的公允价值变动损益	借：套期损益	1 000	
		贷：被套期项目——应收美元账款		1 000
		借：套期工具——应付期汇合约款——美元户	1 000	
		贷：套期损益		1 000
	收回货款	借：银行存款——美元户	143 000	
		贷：被套期项目——应收美元账款		143 000
	履行期汇合约	借：套期工具——应付期汇合约款——美元户	143 000	
		贷：银行存款——美元户		143 000
		借：银行存款——人民币户	142 000	
		贷：应收期汇合约款——人民币户		142 000

（2）乙公司的有关账务处理见附表 5-2。

附表 5-2　乙公司将期汇合约用于外币应付款套期保值的账务处理　单位：元

日期	内容	账务处理		
2×13 年 11 月 3 日	购进货物	借：库存商品	146 000	
		贷：应付账款——美元户		146 000
2×13 年 11 月 3 日	签订期汇合约，指定套期关系，确认贴水损益	借：应付账款——美元户	146 000	
		贷：被套期项目——应付美元账款		146 000
		借：套期工具——应收期汇合约款——美元户	146 000	
		贷：应付期汇合约款——人民币户		142 000
		套期损益		4 000
2×13 年 12 月 31 日	确认被套期项目和套期工具的公允价值变动损益	借：被套期项目——应付美元账款	2 000	
		贷：套期损益		2 000
		借：套期损益	2 000	
		贷：套期工具——应收期汇合约款——美元户		2 000
2×14 年 2 月 1 日	确认被套期项目和套期工具的公允价值变动损益	借：被套期项目——应付美元账款	1 000	
		贷：套期损益		1 000
		借：套期损益	1 000	
		贷：套期工具——应收期汇合约款——美元户		1 000
	履行期汇合约	借：银行存款——美元户	143 000	
		贷：套期工具——应收期汇合约款——美元户		143 000
		借：应付期汇合约款——人民币户	142 000	
		贷：银行存款——人民币户		142 000
	支付货款	借：被套期项目——应付美元账款	143 000	
		贷：银行存款——美元户		143 000

（3）丁公司有关账务处理见附表 5-3。

附表 5-3　**丁公司用期汇合约对预期销售进行套期保值的账务处理**　单位：元

日　期	内　容	账务处理
2x13 年 8 月 1 日	套期工具公允价值为 0，被套期项目尚未发生，不予以确认	
2x13 年 12 月 31 日	确认套期工具公允价值变动	借：套期工具——衍生工具 B　10 000 贷：资本公积——其他资本公积（套期工具公允价值变动）　10 000
2x14 年 1 月 30 日	确认套期工具公允价值变动	借：套期工具——衍生工具 B　30 000 贷：资本公积——其他资本公积（套期工具公允价值变动）　30 000
	确认商品 A 的销售	借：银行存款或应收账款　110 000 贷：主营业务收入　110 000
	确认衍生工具 B 的结算	借：银行存款　40 000 贷：套期工具——衍生工具 B　40 000
	结转套期工具的累计公允价值变动损益	借：资本公积——其他资本公积（套期工具公允价值变动）　40 000 贷：主营业务收入　40 000

第六章　股份支付会计

（一）单项选择题

1. A　2. C　3. D　4. D　5. B　6. B　7. A　8. C　9. B　10. A　11. D　12. D　13. B

（二）多项选择题

1. ABCD　2. CD　3. ABCDE　4. BC　5. CDE　6. AD　7. ACDE　8. ABCE　9. CE　10. BCD　11. ACE　12. ABCDE　13. ACDE　14. ABCDE　15. BCDE

（三）判断题

1. ×　2. √　3. √　4. ×　5. √　6. √　7. √　8. √　9. ×　10. √

（四）计算与账务处理题

1. （1）费用计算见附表 6-1。

附表 6-1　**费用计算表**　单位：元

年份	计算过程	当期费用	累计费用
2×12	150×（1-20%）×200×18×1÷3	144 000	144 000
2×13	150×（1-30%）×200×18×2÷3-144 000	108 000	252 000
2×14	105×200×18-252 000	126 000	378 000

（2）账务处理。

①2×12 年 1 月 1 日：

授予日不作账务处理。

②2×12 年 12 月 31 日：

借：管理费用　144 000

　贷：资本公积——其他资本公积　144 000

③2×13 年 12 月 31 日：

借：管理费用　108 000

　贷：资本公积——其他资本公积　108 000

④2×14 年 12 月 31 日：

借：管理费用　126 000

　贷：资本公积——其他资本公积　126 000

⑤2×15 年 12 月 31 日：

借：银行存款　210 000

　资本公积——其他资本公积　378 000

　贷：股本　21 000

　　资本公积——股本溢价　567 000

2. 负债和费用的计算见附表 6-2。

附表 6-2　**负债和费用计算表**　单位：元

年份	负债计算(1)	支付现金结算(2)	当期费用 (3)=(1)+(2)-上期(1)
2×10	(100-20-10)×300×10×1÷3 =70 000		70 000
2×11	(100-20-8-6)×300×15×2÷3 =198 000		128 000
2×12	(100-20-8-2-20)×300×18 =270 000	20×300×16=96 000	168 000
2×13	(100-20-8-2-20-30)×300×20 =120 000	30×300×18=162 000	12 000
2×14		20×300×21=126 000	6 000
合计		384 000	384 000

(1) 2×10 年 12 月 31 日。

借：管理费用　　70 000

　贷：应付职工薪酬——股份支付　　70 000

(2) 2×11 年 12 月 31 日。

借：管理费用　　128 000

　贷：应付职工薪酬——股份支付　　128 000

(3) 2×12 年 12 月 31 日。

借：管理费用　　168 000

　贷：应付职工薪酬——股份支付　　168 000

借：应付职工薪酬——股份支付　　96 000

　贷：银行存款　　96 000

(4) 2×13 年 12 月 31 日。

借：公允价值变动损益　　12 000

　贷：应付职工薪酬——股份支付　　12 000

借：应付职工薪酬——股份支付　　162 000

　贷：银行存款　　162 000

(5) 2×14 年 12 月 31 日。

借：公允价值变动损益　　6 000

　贷：应付职工薪酬——股份支付　　6 000

借：应付职工薪酬——股份支付　　126 000

　贷：银行存款　　126 000

第七章　中期财务报告

（一）单项选择题

1. B　2. D　3. D　4. D　5. B　6. C　7. C　8. A　9. B　10. A　11. A

（二）多项选择题

1. ABCE　2. ABCD　3. ABD　4. AB　5. ABE　6. AB　7. AD　8. ABCE　9. ABCD　10. ABCE　11. AB　12. ABC　13. ABCDE

（三）判断题

1. √　2. ×　3. ×　4. √　5. ×　6. ×　7. ×　8. ×　9. √　10. √

第八章　分部报告

（一）单项选择题

1.. C　2. C　3. A　4. A　5. C　6. A　7. C

（二）多项选择题

1. ABCDE　2. ACDE　3. BD　4. ABCDE　5. BDE　6. ABCE　7. BC　8. CDE　9. ABCDE　10. ACE

（三）判断题

1. ×　2. ×　3. ×　4. √　5. ×　6. ×　7. √　8. √　9. ×　10. √

第九章　清算会计

（一）单项选择题

1. C　2. B　3. B　4. C　5. A　6. C

（二）多项选择题

1. ABCDE　2. ABCDE　3. ABCD　4. BE　5. ABCDE

（三）判断题

1. √　2. √　3. ×　4. ×　5. ×　6. √　7. √

（四）计算与账务处理题

（1）清算收益＝1 300－（3 700－2 500＋10）＋（1 600－1 500）＝190（万元）

（2）清算损失＝300－250＝50（万元）

（3）清算费用＝20 万元

（4）清算损益＝190－50－20＝120（万元）

（5）各投资方分回资金＝［（200＋250＋1 600＋1 600×17%＋1 300）－（1 200＋210＋1 600×17%－170＋10＋60＋800＋20）］÷4

＝（3 622－2 402）÷4

＝305（万元）

第十章　特殊行业会计

（一）单项选择题

1. D　2. A　3. C　4. A　5. D　6. A　7. A　8. D　9. A　10. D　11. D　12. B　13. A　14. A　15. B　16. A　17. B

（二）多项选择题

1. AD　2. BCE　3. ABC　4. CE　5. ABCD　6. BCD　7. ABCE　8. ABC　9. ACD　10. ABCD　11. ABCE　12. AD　13. ACD　14. ACD　15. ABC　16. ABCD　17. ABCD

（三）判断题

1. √　2. √　3. √　4. √　5. ×　6. ×　7. √　8. √　9. ×　10. ×　11. √　12. √　13. ×　14. ×　15. ×　16. √　17. √　18. √　19. ×　20. √　21. √　22. √

（四）计算与账务处理题

1. 借：消耗性生物资产　　36 000

　　贷：农业生产成本　　36 000

借：生产性生物资产　　36 000

　贷：消耗性生物资产　　36 000

2.（1）育种之前所发生的相关支出包括饲料费用 30 000 元，人工劳务费用 10 000元，总计 40 000 元：

借：生产性生物资产——未成熟生产性生物资产　　40 000

　贷：银行存款　　40 000

（2）育种之后转为生产性生物资产：

借：生产性生物资产——成熟生产性生物资产　　40 000

　贷：生产性生物资产——未成熟生产性生物资产　　40 000

（3）按期计提折旧，年折旧额应为 7 700 元（（40 000-1 500）÷5）：

借：管理费用　　7 700

　贷：生产性生物资产累计折旧　　7 700

（4）为维持种畜的生产能力，发生相关的各项费用共计 20 000 元：

借：管理费用　　20 000

　贷：银行存款　　20 000

（5）公允价值 2 500 元作为种畜的残值：

借：银行存款　　2 500

　　生产性生物资产累计折旧　　38 500

　贷：生产性生物资产——成熟生产性生物资产　　40 000

　　　营业外收入——非流动资产处置利得　　1 000

3. 该公司的会计处理为：

（1）借：油气资产——矿区权益　　4 800 000

　　　贷：应收账款　　4 680 000

　　　　　银行存款　　20 000

　　　　　营业外收入——债务重组利得　　100 000

（2）借：固定资产清理　　3 500 000

　　　　累计折旧　　1 000 000

　　　　固定资产减值准备　　500 000

　　　贷：固定资产　　5 000 000

借：固定资产清理　　10 000

　贷：银行存款　　10 000

借：油气资产——矿区权益　　4 200 000

　贷：固定资产清理　　3 510 000

　　　营业外收入——非流动资产处置利得　　690 000

4.（1）2×14 年 12 月 31 日按弃置费用的现值计入油气资产原价。

借：油气资产（2 000 000×0.2394）　　478 800

　贷：预计负债　　478 800

（2）2×15 年 12 月 31 日至 2×29 年 12 月 31 日利息费用的计算见附表 10-1。

附表 10-1　　**利息费用计算表**　　单位：元

年度	利息费用 （1）=（2）×10%	预计负债账面价值 （2）= 上期（2）+（1）
2×14		478 800
2×15	47 880	526 680
2×16	52 668	579 348
2×17	57 934.80	637 282.80
2×18	63 728.28	701 011.08
2×19	70 101.11	771 112.19
2×20	77 111.22	848 223.41
2×21	84 822.34	933 045.75
2×22	93 304.58	1 026 350.33
2×23	102 635.03	1 128 985.36
2×24	112 898.54	1 241 883.90
2×25	124 188.39	1 366 072.29
2×26	136 607.23	1 502 679.52
2×27	150 267.95	1 652 947.47
2×28	165 294.75	1 818 242.22
2×29	181 757.78	2 000 000

2×15 年 12 月 31 日确认利息费用的会计处理如下：

借：财务费用　　47 880

　贷：预计负债　　47 880

2×16 年至 2×28 年确认利息费用的会计处理同 2×15 年。

2×29 年 12 月 31 日确认利息费用的会计处理如下：

借：财务费用　　181 757.78

　贷：预计负债　　181 757.78

5.（1）探明矿区权益折耗率＝210÷（210+590）×100%＝26.25%

（2）探明矿区权益折耗额＝2 100 000×26.25%＝551 250（元）

（3）借：生产成本　　551 250

　　贷：油气资产折耗　　551 250

6.（1）借：银行存款　　28 500

　　　贷：保费收入　　28 500

（2）借：银行存款　　54 000

　　贷：预收保费　　54 000

（3）借：死伤医疗给付　　4 500

　　贷：应收保费　　70

　　　　银行存款　　4 430

（4）借：年金给付　　700

　　贷：银行存款　　700

（5）①转出方的分录：

借：寿险责任准备金　　8 000

　　保费收入　　1 000

　贷：银行存款　　9 000

②转入方的分录：

借：银行存款　　9 000

　贷：保费收入　　1 000

　　　寿险责任准备金　　8 000

（6）借：退保金　　25 000

　　贷：银行存款　　23 000

　　　　应收保费　　2 000

（7）借：赔付支出　　30 000

　　贷：银行存款　　30 000

（8）借：死伤医疗给付　　80 000

　　贷：银行存款　　75 000

　　　　应收保费　　5 000

（9）①借：银行存款　　6 000

　　　贷：保费收入　　6 000

②借：赔付支出　　850

贷：银行存款　　850

(10) 借：提取保险责任准备金——寿险责任准备金　　80 000 000

——长期健康险责任准备金

17 000 000

——未到期责任准备金　　15 200 000

贷：保险责任准备金——寿险责任准备金　　80 000 000

——长期健康险责任准备金　　17 000 000

——未到期责任准备金　　15 200 000

(11) 借：银行存款　　35 000

贷：保费收入　　35 000

(12) ①借：预付赔款　　400 000

贷：银行存款　　400 000

②借：赔付支出　　600 000

贷：预付赔款　　400 000

银行存款　　200 000

(13) 借：银行存款　　150 000

贷：赔付支出——追回款　　150 000

(14) 借：提取保险责任准备金——未决赔款准备金　　4 240 000

贷：保险责任准备金——未决赔款准备金　　4 240 000

(15) 借：提取未到期责任准备金　　4 515 000

贷：未到期责任准备金　　4 515 000

(16) ①2×12 年：

借：银行存款　　100 000

贷：保费收入　　100 000

借：提取保险责任准备金——长期责任准备金　　100 000

贷：保险责任准备金——长期责任准备金　　100 000

②2×13 年：

借：银行存款　　80 000

贷：保费收入　　80 000

借：赔付支出　　30 000

贷：银行存款　　30 000

借：提取保险责任准备金——长期责任准备金　　50 000

贷：保险责任准备金——长期责任准备金　　50 000

（17）①甲公司（分出公司）：

借：分出保费	15 000 000	
利息支出	360 000	
贷：应付分保合同准备金		1 500 000
摊回赔付支出		7 500 000
摊回分保费用		5 130 000
应付分保账款		1 230 000

②乙公司（分入公司）：

借：应收分保账款	1 230 000	
赔付支出	7 500 000	
分保费用	5 130 000	
应收分保合同准备金	1 500 000	
贷：保费收入		15 000 000
利息收入		360 000

（18）①计提 2×12 年长期责任准备金：

借：提存保险责任准备金——提取长期责任准备金	55 000	
贷：保险责任准备金——长期责任准备金		55 000

②计提 2×13 年长期责任准备金：

借：提存保险责任准备金——提取长期责任准备金	275 000	
贷：保险责任准备金——长期责任准备金		275 000

③2×14 年火险合同到期，不再计提长期责任准备金。